literatura argentina

Directora de colección
María Gabriela Mizraje

Ivonne Bordelois

Un triángulo crucial

Borges, Güiraldes y Lugones

eudeba

Eudeba

Universidad de Buenos Aires

1° edición: abril de 1999

© 1999
Editorial Universitaria de Buenos Aires
Sociedad de Economía Mixta
Av. Rivadavia 1571/73 (1033)
Tel: 4383-8025
Fax: 4383-2202

Diseño de tapa: Juan Cruz Gonella
Corrección y composición general: Eudeba

ISBN 950-23-0922-7
Impreso en Argentina
Hecho el depósito que establece la ley 11.723

Agradecimientos

Muchos son los que han hecho este libro posible: quiero expresarles en estas líneas mi reconocimiento. Viviana Kurlat me abrió generosamente las puertas de Eudeba, y Adrián Vila respaldó con fuerza este proyecto. Esmeralda Almonacid fue mi mentora infatigable en todo lo que atañe a Güiraldes y procuró datos precisos y preciosos con respecto a zonas poco estudiadas de su vida y su obra.

Mis amigos Ana María Calviño, Ludovico Ivanissevich, Miguel Mascialino, Paula Pérez Alonso y Sergio Zabalza leyeron primeras versiones del texto y contribuyeron con observaciones y cautelas sumamente eficaces. Javier Fernández fue, como de costumbre, el asesor exacto de muchas dificultades bibliográficas y concurrió con su generosa biblioteca a muchas de mis preguntas y perplejidades. Solange Ordóñez de Sanguinetti fue un apoyo sumamente importante, sobre todo en las referencias relacionadas con Borges, y ofreció su amistad en los tramos difíciles de mi emprendimiento. Mirta Arlt me permitió el acceso a un precioso documento de su padre, Roberto Arlt, y la amabilidad proverbial de Marion Helft colmó varios huecos con respecto a la obra de Borges. A Nicolás Helft debo el auxilio insustituible de su espléndida bibliografía, y también su colaboración en momentos de dificultades técnicas en la versión última del texto.

A los vecinos de San Antonio de Areco, pago grato si los hay, donde fui invitada varias veces para dar conferencias sobre temas relativos a Güiraldes, debo momentos de cordialidad y la inspiración de sus guitarreadas y bailes inolvidables. A estos momentos felices se suman los muy interesantes documentos que me hicieron llegar Elba de Iriarte, de la Asociación de Amigos del Museo Güiraldes, Dolores Lennon de Novillo, desde su puesto en el Museo, y Alberto Lecot, que fue por muchos años Director del mismo.

En la Facultad de Filosofía y Letras de la Universidad de Buenos Aires, David Viñas, Noemí Ulla, Nicolás Rosa y Noé Jitrik me ofrecieron el espacio de conferencias y debates en distintas reuniones y congresos en los que pude presentar mi trabajo y recibir una interesante y estimulante discusión crítica del mismo.

El Seminario de Doctorado «Un Triángulo Crucial», que dicté en el último cuatrimestre de 1998, fue un lugar privilegiado de debate sobre este tema. Mucho he aprendido de sus participantes, en particular de las intervenciones de Patricia Artundo, Amelia Barona, Aníbal Jarkowsky, Carlos López, Laura Mogliani e Isabel Stratta, así como me han incitado a reflexión los cuestionamientos de Blanca Isabel Alvarez de Toledo. La naturalidad y amistad con que se celebraron estas reuniones, dentro de su nivel de exigencia universitaria, me permitieron entrever un margen de esperanza para una Universidad tan vapuleada en lo material y lo administrativo como la nuestra.

Finalmente, este libro no habría podido escribirse sin la incitación permanente que ofrecieron los textos de mis colegas con respecto a temas afines al mío. En particular, la brillante crítica de Beatriz Sarlo acompañó mi reflexión a lo largo de estas páginas. Si bien no siempre me he encontrado de acuerdo con sus posiciones, siempre ha sido un placer el estudiar y releer sus estudios, que marcan el nivel más profundo y lúcido de la crítica de Borges en nuestro país.

A todos, por lo tanto, mi reconocimiento, y a la memoria de Ricardo Güiraldes, Jorge Luis Borges y Leopoldo Lugones el agradecimiento por una obra que, aún hoy, nos alimenta e ilumina.

Prólogo

La incorporación de Borges a las letras universales es un hecho irreversible: si se dice Argentina, son muchos en el mundo los que piensan en él. Pero su celebridad, la de nuestro único escritor global, ha ocultado acaso la historia de otros nombres memorables que acompañan el ascenso irresistible de Borges.

Es decir que, como todos los escritores de este mundo, Borges nace y se hace en contacto con escritores próximos de su generación: su poderosa personalidad literaria se va dibujando precisamente a través de admiraciones y rechazos, muchas veces imprevisibles pero siempre relevantes en su proyecto total. Como dice Harry Bloom, «es necesario que dejemos de pensar en el poeta como si fuera un ego autónomo. Por más solipsistas que sean los poetas más fuertes, todo poeta es un ser atrapado en una relación dialéctica (transferencia, repetición, error, comunicación) con otro u otros poetas». Esto es particularmente cierto de Borges, un poeta fuerte si los hay; y transferencias, repeticiones, errores y comunicaciones -así como crisis de comunicación- ocurren a menudo en su camino literario, sobre todo en su etapa inicial. Tal como se describió a sí mismo, vemos muchas veces en él a un hombre «desgarrado hasta el escándalo por sucesivas y contradictorias lealtades».

Sin embargo, dentro de lo mucho -acaso demasiado- que se ha escrito sobre Borges, se ha dejado inexplorada en gran parte, hasta ahora, la interesante y conflictiva naturaleza de las relaciones que mantuvo con algunos escritores decisivos de su primera juventud. La oscilación de sus criterios y gustos literarios y la no menos compleja historia de sus lealtades, esa conversación permanente que mantiene Borges con los más allegados en el círculo de sus preferencias y diferencias personales y literarias, permanece hasta hoy, a pesar de su evidente interés, en una relativa penumbra.

Probablemente por excesivo respeto, por falta de información o simplemente por el malestar que provocan, en un escritor que ha sido considerablemente mitificado y a veces momificado, estas oscilaciones y cambios de lealtades, se ha producido esta grieta en la monumental bibliografía que cerca a Borges. Este libro se propone solucionar en parte esta fisura permitiéndole, como lo propone Sarlo, «hablar con los textos y autores a partir de los que produjo sus rupturas estéticas y sus polémicas literarias».

De hecho, es posible, mediante la documentación y la reflexión, reconstruir el contexto emocional, ideológico, político y estético en que Borges se movía en los años veinte, y en particular su muy especial amistad con Güiraldes, interceptada dramáticamente por la poderosa sombra de Lugones. Nunca como en esa época se mostró Borges más maleable a las distintas convocatorias que se le ofrecían, si bien de cada una de ellas supo dar una versión única que ya mostraba su originalidad: no sólo atravesó el ultraísmo y el neocriollismo, sino que, pese a su juventud, los dejó marcados con su impronta inconfundible.

En esa línea, una de las preguntas que ha quedado abierta es la razón que empujó a Borges a cancelar y excluir de sus *Obras Completas* tres libros cruciales de su juventud: *Inquisiciones*, *El Tamaño de mi Esperanza* y *El Idioma de los Argentinos* -los dos primeros reeditados sólo muy recientemente, luego de su muerte-. Acaso pudiera pensarse que estos textos eran sólo borradores olvidables. Pero una ojeada a estos libros basta para convencerse de lo contrario: si bien afectado -en raras ocasiones- por ciertos manierismos barrocos, el estilo central de Borges en ellos es tan perfecto como lo fue el de toda su obra; y en cuanto a los temas, muchos de ellos no fueron nunca más replanteados en su obra posterior.

De modo que no se trata de borradores suprimidos por un prurito exclusivamente estilístico, sino de una deliberada y cuidadosa eliminación de textos por parte del propio autor, que consideraba a este período, según su propio testimonio, como una época de confusiones políticas y estéticas aptas para ser relegadas al olvido. Este tipo de autocensura es, ciertamente, el derecho de todo autor, y en particular el de escritores clásicos como Borges, que aspiran a cierta exhaustiva claridad y coherencia en la herencia que dejarán de su propio proceso creativo.

Aún cuando muchas veces negó la relevancia de la noción de la autoría individual, Borges aparece, en este gesto de amputación, como un autor en plena posesión e indiscutible control de su propia obra y un exigente censor de aquellos textos que pudieran desorientar a sus lectores. De este modo, como lo ha señalado Aníbal Jarkowsky, se aleja cada vez más del modelo vanguardista, en donde las obras responden a un espíritu grupal y a un modelo generacional más que a una afirmación de individualidad creadora. Y como el legado autorizado por Borges es tan espléndido, no es extraño que la mayor parte de los críticos acataran esta resolución, confiados en la exactitud de su juicio autocrítico, y relegando como insignificantes estas primeras obras.

En efecto, a los mejores críticos les resulta difícil o imposible soslayar el propio juicio de Borges con respecto a su escritura, juicio que muchas veces ha constituido un obstáculo para acercarse libremente a ella.

Sarlo, una de las críticas más lúcidas de Borges, lo reconoce explícitamente cuando dice: «Es difícil sobreestimar los juicios literarios de Borges y sólo una actitud de objetivismo necio se resistiría a tomarlos en cuenta alegando la superstición de que es el autor quien menos sabe de su literatura». Así Borges, que fue maestro de una irreverencia saludable y vital, ha engendrado a veces, involuntariamente, una raza de críticos intimidados por la dimensión de su genio y temerosos ante los pliegues de su ironía, reputados insondables.

Pero así como hay cierta perversidad en la crítica literaria o periodística que se precipita a recoger materiales de rechazo para justificar muchas veces una exégesis puramente publicitaria o deleznable, existe también, en casos excepcionales, la posibilidad de rescatar ciertos textos que, más allá de la propia mirada de un autor, atestiguan los repliegues de toda una generación y de algunas señales interesantes o preciosas de rutas que fueron en su momento posibles, aún cuando perdidas más tarde en el jardín de los senderos que se bifurcan. Estos repliegues, estas tentaciones descartadas, indican ciertas fracturas o vacilaciones que, lejos de empequeñecer, enriquecen el perfil de un autor y muestran lo vulnerable y lo distinto en la historia de sus crisis poéticas.

Nuestro intento consiste, por lo tanto, en recobrar el temblor inicial, el hacerse de la imagen de Borges, antes de que la fama y su propia voluntad de coherencia lo capturaran en un estereotipo excesivamente homogéneo. Si Borges pudo ser populista o profesar un peculiar nacionalismo neocriollista en sus primeras obras, algún sentido presentaban esas opciones para él, más allá de los errores que pudieran implicar; algo significaban dentro del cuadro de alternativas de su generación que acaso convenga explorar. Algo iluminan, también, de su propio camino interior, en particular porque fueron elecciones tan entusiastas como vehemente el rechazo que las condenó a su desaparición posterior.

Así como de los detalles aparentemente secundarios de los sueños de su paciente el psicoanalista extrae decisivas claves para detectar la naturaleza de una neurosis, estamos aquí ante un desafío exegético que señala la posible relevancia de estas obras consideradas primerizas y desdeñables en la trayectoria de Borges, con el propósito de deslindar mejor la sustancia y el sentido de sus opciones futuras. La revisión a la que somete Borges su relación con Güiraldes -que es una referencia necesaria y una influencia innegable de ese primer período- es asimismo una señal o síntoma de un progresivo rechazo que por contraste ilumina más claramente las aristas de su obra definitiva. Hay algo en la manera de acercarse Borges al lenguaje y a la literatura que cambia fundamentalmente a partir de la muerte de Güiraldes y del triunfo de *Don Segundo Sombra*. En cierto modo, es como si Güiraldes hubiera tenido que morir, y *Don Segundo Sombra* triunfar avasalladoramente como triunfó, para que Borges comprendiera y asumiera su verdadero destino, un destino que se distancia y diferencia cada vez más del proyecto que alguna vez lo uniera a Güiraldes.

En la creciente ambivalencia de Borges como crítico literario hacia Güiraldes, y en el correlativo crecimiento de su admiración por Lugones, tenemos una de las claves más interesantes -y al mismo tiempo, poco dilucidada hasta ahora- para entender lo que ha ocurrido no sólo entre ellos, con ellos, sino con el particular sesgo de la historia y la crítica de la literatura argentina contemporánea. En estas cambiantes opiniones de Borges se encierra todo un juego de valores, la progresiva instauración de una jerarquía que ha acabado por ser la lectura común de nuestra crítica literaria, ya que a pesar de su reconocida arbitrariedad, Borges no ha dejado de representar el juicio final y supremo para muchos en muchos aspectos fundamentales de nuestra literatura.

Pero más allá de las consideraciones de la crítica literaria común, quisiéramos asomarnos aquí a la figura de Borges como estratega, un rasgo poco estudiado dentro de su trayectoria, ya que se trata de un aspecto poco conocido en general. En efecto, más allá del talento literario de un autor, hay estrategias de poder que deciden una época o un rumbo literario y cuyos mecanismos permanecen en general invisibles para la mayoría de los lectores, y en parte, de los críticos. En el triángulo que constituyen Lugones, Güiraldes y Borges, se producen operaciones de excomunión y canonización mutuas, que van revelando el campo de fuerzas en el que se conformará nuestra historia literaria. Aun cuando Güiraldes ejerce un indudable carisma, será canonizado y excomulgado antes que canonizante y excomulgante: son Lugones y Borges quienes ofician estas operaciones de inclusión y exclusión, operaciones que a su vez implican el detentar un poder que no se alcanza espontáneamente, sino que se consigue.

Es muy ilustrativo el seguir los pasos mediante los cuales Borges va logrando esta operación de dominio en el campo literario, a la vez que va afirmando su talento -sin el cual le hubiera sido imposible, naturalmente, alcanzarlo-. Pero el talento es aquí causa necesaria, no suficiente; otros movimientos son indispensables para lograr el dominio de la escena literaria en la cual se consagran estas ceremonias. El rotundo fracaso de *El Tamaño de mi Esperanza*, que se conjuga con el éxito arrasador y simultáneo de *Don Segundo Sombra*, le dará a Borges una amarga pero preciosa ocasión de repensar su estrategia literaria, y de transformar radicalmente la naturaleza de sus opciones profundas.

La otra clave imprescindible que quisiéramos examinar es el tejido existencial de las relaciones entre estos tres escritores, una historia de tensiones literarias y personales donde concurren muchos más elementos políticos de lo que hoy se suele imaginar. Pero también una conmovedora trama de entusiasmos, frustraciones y malentendidos de primordial interés humano: una suerte de triángulo literario y emocional que se resuelve sorpresivamente y que marcará, asimismo, el rumbo de la trayectoria de Borges, y con él, en parte, el de las letras argentinas.

***

Harry Bloom ha adelantado la idea de que el crecimiento, prácticamente intolerable, de la literatura occidental (que se ha vuelto asimismo una industria muchas veces deleznable) puede preservar su significación sólo si se reduce a unas pocas docenas de nombres ilustres, los únicos perdurables, el canon de la literatura universal.

Estos nombres pasan a ser los faros orientadores de las literaturas de las distintas lenguas, hitos de la historia literaria de la humanidad: no sólo representan las obras que permanecerán como referencias indispensables en el devenir cultural, sino que también encarnarán las distintas maneras de concebir la literatura que cada generación y cada país han acuñado con el correr del tiempo.

El canon argentino acepta a Lugones y a Borges indiscutiblemente entre sus elegidos; incierto es, en cambio, el destino de Güiraldes, cuya celebridad a partir de los años veinte ha sufrido más de un embate a lo largo de los años. Pero lo interesante aquí es que este proceso no se da sólo en 1999, bajo las luminarias omnipotentes de Yale o de Harvard y su poderío global; ha comenzado hace más de setenta años, en manos de los propios protagonistas.

Es notable observar que la idea de la canonización -una metáfora preferentemente eclesiástica- como filtro consagratorio, no se acompañe con la de la excomunión, que debería corresponderle complementariamente. La Iglesia, que es una institución notable ante todo por su extraordinaria experiencia y eficacia en los avatares temporales, se ha manejado siempre con canonizaciones pero al mismo tiempo con excomuniones -y éstas se han revelado más importantes, al fin de cuentas, para la historia de la humanidad-. La proclamación de la herejía galileana o darwiniana, la expulsión de árabes y judíos de España con la Inquisición, son más importantes que Santa Teresita de Lisieux o Bernadette de Soubiroux, sino desde el punto de vista de la espiritualidad católica, sí desde el punto de vista de la historia social de Europa y del mundo en general.

Lo que nos interesa en particular aquí es presenciar y estudiar de cerca los mecanismos internos mediante las cuales canonizaciones y excomuniones van produciéndose alternativamente, mientras el complejo filtro de la consagración va definiéndose a través del tiempo.

Nuestro guión se dispone en este sentido como una suerte de trilogía dramática. En el primer acto, asistimos a la tentativa simultánea de canonización de Güiraldes y de excomunión de Lugones por parte de Borges.

En el segundo, que prácticamente se produce sin intervalo, es Lugones quien se adelanta para canonizar a Güiraldes, excomulgando a Borges por omisión. En el tercer acto -del que podríamos considerar que se prolonga, en sus efectos, hasta nuestros días- Borges se coloca en la posición exactamente inversa a la del primero: Lugones será canonizado y Güiraldes expulsado del Parnaso oficial de las letras argentinas.

Este es, a grandes rasgos, nuestro libreto. Pero las historias que merecen ese nombre interesan, no sólo por lo que pudo pasar sino por el porqué y por el cómo pudo pasar lo que pasó como pasó. Y ésa es nuestra historia de hoy. Cómo se produjo, cómo se pudo producir este viraje, qué huellas, cicatrices o enseñanzas dejó en sus protagonistas y en nuestra conciencia literaria nacional: éste es el proceso que queremos desentrañar en este libro.

Primera parte: Una pasión porteña

Borges y Güiraldes: ¿vidas paralelas?

Muchas semejanzas unen el destino de Borges al de Güiraldes. En primer lugar, su pertenencia a un grupo social que por mucho tiempo se sintió dueño y representante del país, sin una excesiva conciencia crítica de las implicaciones que podía significar este dominio, ni de las oposiciones que podía despertar. La bonanza en que navega su generación y su clase es a la vez heredera de Roca y su campaña del desierto, el ochenta y su progresismo iluminado e iluminista, y los fastos del Centenario, cuando los países más fuertes del mundo vienen a inclinar su frente ante la nueva y gloriosa nación.

El fenómeno más importante de esos días, cultural y políticamente, es la presencia y el constante crecimiento del «aluvión inmigratorio», que habría de transformar a la Argentina en un país distinto, y que era básicamente percibido como una amenaza por los integrantes de la burguesía porteña, de la que habían nacido, sin embargo, los gestores de ese cambio. Típica respuesta era la de orientar el malestar contra los inmigrantes mismos y no contra los fautores de la inmigración. Xenofobia y conciencia de clase campean en muchos de los escritos de la elite intelectual porteña, bajo las pretensiones de progreso y libertad artística: Güiraldes y Borges, aun cuando relativamente moderados en sus expresiones, no serán excepciones en este sentido.

Ambos son porteños y europeizantes, si bien Güiraldes, hijo de un Intendente de Buenos Aires, que funda, junto con Carlos Pellegrini, el Jockey Club, es de origen más aristocrático y pudiente, enlazado, por su abuela materna, a la considerable fortuna de los Guerrico. Por citar sólo un ejemplo de la esplendidez reinante en la familia, Julia Bunge evoca una fiesta dada por los Guerrico en 1906 para festejar sus bodas de oro, de la que participaron mil doscientos invitados, incluyendo el Presidente, y que fue coronada por un memorable banquete. Esta afluencia significa, entre otras cosas, cierta libertad en la extravagancia: Don Manuel, el padre de Güiraldes, vende una valiosa colección de cuadros europeos para comprar obras de Figari -cosa que Borges padre ciertamente nunca hubiera hecho ni hubiera podido o querido hacer.

El matrimonio de Ricardo Güiraldes con Adelina del Carril fortalece sin duda su pertenencia de clase, ya que esa rama de la familia del Carril poseía una enorme fortuna, que fue alegremente dilapidada con el pasar del tiempo. De su amigo de la juventud dirá Borges con el tiempo: «Ricardo Güiraldes, caballero porteño que pareció vivir en esa suerte de irrealidad que el hábito de la fortuna confiere, ejerció el duro propósito de ser un santo». Marcaba así la rara convergencia de una fuerte espiritualidad y una excepcional solvencia rodeando la persona y la vida de Güiraldes.

Por su parte, Borges -aunque relacionado a través de su madre con los poderosos Haedo en el Uruguay- pertenece a una burguesía relativamente modesta, cuyo mayor orgullo se concentra en los abuelos militares, héroes de históricas batallas. Entre las memorias épicas de la familia, en su diálogo con Victoria Ocampo, Borges relata con orgullo cómo el coronel Francisco Borges se hace matar avanzando lentamente, envuelto en su poncho blanco, hacia las trincheras de Junín.

Desde el punto de vista literario, con todo, Borges pertenecía a un medio más intelectual que Güiraldes, cuya familia, si bien sumamente culta, estaba fuertemente vinculada con una aristocracia que respetaba poco las prioridades poéticas. En ese sentido, Güiraldes se encontraba menos seguro o más desamparado que Borges. Hablando del profundo desaliento que provocó en Güiraldes la recepción totalmente negativa a sus primeras obras por parte de su medio, dice Victoria Ocampo en sus *Testimonios* (p. 321):

«El escritor, el artista, sobre todo si pertenecía a la clase social de Ricardo -la aristocracia del país, en cierto modo- era considerado como un holgazán por las gentes de su mundo, como un farsante por los intelectuales, y como un pervertido por la mayoría. Privado de simpatía, privado de crítica concienzuda, es decir, de puntos de referencia, el escritor, el artista, tenía la sensación de no oír ya su propia voz. El sonido no se propaga en el vacío. Ricardo ha sufrido terriblemente de ello al comienzo de su carrera.»

Está claro, con todo, que para ambos escritores -más allá de los matices sociales o históricos de sus respectivas prosapias- vale igualmente la conciencia de pertenecer a un grupo de familias estancieras que de algún modo representan para ellos la tradición criolla argentina. El toque militar, con todo, será exclusivo de Borges.

No en vano Evar Méndez, al saludar desde las páginas de *Martín Fierro* la segunda aparición de *Proa*, dice de sus directores, entre los cuales se encontraban prominentemente Borges y Güiraldes, que «mucho puede esperarse de ellos por su adentramiento en la tradición, ya que sus nombres les enraizan en familias netamente argentinas» *(Martín Fierro*, agosto-septiembre de 1924, 8 y 9, p. 9). Como dice Graciela Montaldo, en su artículo sobre Borges y el criollismo: «Esta cercanía con la cultura y con la historia patria -común con algunos otros jóvenes martinfierristas- fue la condición que planteó Borges para formarse como intelectual argentino y desarrollar su literatura. La elección patrio-familiar es una elección de peso en la década del veinte: Buenos Aires era una ciudad de inmigrantes, de mezclas lingüísticas y étnicas, en proceso de alfabetización, con pocos intelectuales verdaderamente destacados. Allí Borges aparece como autoridad indiscutida cada vez que remarca su origen, su formación, su inclusión en la historia patria».

Y como ocurre en muchas de las familias argentinas que sienten que han hecho la patria, ambos escritores han hablado desde la niñez idiomas extranjeros -el alemán Güiraldes, Borges el inglés-. Ambos cuentan con tempranos y prolongados viajes a Europa -en el caso de Güiraldes, extendidos hasta el Lejano Oriente-. El impacto profundo en sus vidas personales de la primera guerra europea, la colaboración en revistas protestatarias como *Proa* y *Martín Fierro*, una desconfianza instintiva hacia el catolicismo tradicional, contactos personales y constructivos con escritores europeos interesantes: ésta es la herencia común que los afianza como camaradas en una generación porteña que habría de definir en gran medida el destino de la literatura nacional.

Ambos se encuentran embarcados en el proyecto, que ellos experimentan como necesidad perentoria, de transformar la literatura argentina de la época, alejándola definitivamente del modernismo encarnado por Rubén Darío y sus secuaces. Proyecto, cabe decirlo, en el que ambos tendrán éxito y en el cual ambos serán protagonistas, si bien Güiraldes nacido en 1886, trece años mayor que Borges, será, en el reconocimiento oficial, el primero en ser consagrado nacionalmente como el innovador esperado -e inesperado- en materia narrativa.

Hay otras simetrías y confluencias singulares del destino de Güiraldes con el de Borges. Ambos han partido a hacer sus primeras armas a Europa -Borges en España, Güiraldes en Francia- y ambos retornan seguros de sí mismos y de un destino literario en donde, sin duda, los dos se imaginan como posibles protagonistas. Ambos tienen como referencias mentores y padrinos a los que permanecen leales: Rafael Cansinos Assens para Borges, Valéry Larbaud para Güiraldes.

De la amistad con Cansinos Assens, «gran prosista sevillano» según Borges, nace el lanzamiento del ultraísmo en Buenos Aires, impulsado por el mismo Borges, en respuesta y ataque al agotamiento del rubenianismo y el sencillismo. Del Manifiesto Ultraísta en *Nosotros* firmado por Borges provienen las siguientes líneas: «El Ultraísmo lo apadrinó inicialmente el gran prosista sevillano Rafael Cansinos Assens y en sus albores no fue más que una voluntad ardentísima de realizar obras noveles e impares...».

«Hombre que podía hablar con las estrellas en once lenguas», Cansinos «era un hombre alto, con un desdén andaluz por todo lo castellano», según Borges. (El desdén por todo lo castellano será una innegable herencia de Cansinos en Borges.) «El hecho más notable de Cansinos era que vivía enteramente para la literatura, sin preocuparse del dinero o de la fama.» Aquí naturalmente, enlazamos con la devoción de Borges por Macedonio Fernández, que respondía exactamente a la misma caracterización.

De la amistad de Güiraldes y Valéry Larbaud, por otra parte, ha de nacer una activa correspondencia vital y epistolar a través del cual el nombre y el elogio de poetas argentinos de la época -el del mismo Güiraldes, así como el de Borges- llegará a aparecer en las páginas de las mejores y más influyentes revistas francesas de la época, como la *Nouvelle Revue Française* y *Commerce*.

Pero en ambos escritores, Europa es a la vez un imán y una imagen de rechazo. Como lo ha visto de forma muy penetrante Andermann, el problema para esa generación es cómo heredar el país de los '80, deslindándose, necesariamente, de la generación del Centenario, e integrando la cultura moderna europea, sin perder por eso la originalidad propia. Para Güiraldes Europa es la iniciadora y la corruptora a la vez: el testimonio es el protagonista -suerte de autorretrato- de su novela *Raucho*, que después de una devastadora experiencia parisiense regresa a la pampa como instancia de restauración vital. En Borges la ambivalencia hacia Europa también existe, pero parece provenir, antes que de una experiencia personal agotadora, de una visión intelectual, la de cierta saturación en las culturas europeas que no permitía el despegue de la imaginación y del lenguaje que necesitábamos para ser nosotros mismos.

Algunos parecidos son más específicos. Los dos parecen preludiar las banderas contemporáneas del posmodernismo en la ironía con que disminuyen la noción central del autor como héroe supremo literario. No hay ellos el menor asomo de la imagen del escritor como abanderado o misionero del porvenir, tal como se irradia en los escritores del Centenario. Cuenta en ellos la noción de un pre-texto inicial e inmanente, del cual el escritor no es sino una suerte de medium. Borges inicia su *Fervor de Buenos Aires* (1923) con el siguiente y famoso epígrafe: «Si las páginas de este libro consienten algún verso feliz, perdóneme el lector la descortesía de haberlo usurpado yo, previamente. Nuestras nadas poco difieren; es trivial y fortuita la circunstancia de que seas tú el lector de estos ejercicios y yo su redactor». Y Güiraldes dice de *Don Segundo Sombra* al publicarlo en 1926, en medio del éxito atronador con que se lo recibe: «Este libro lo hemos escrito entre todos». «*Don Segundo Sombra* estaba en el aire -lo único que yo he hecho es escribirlo- y esto me parece un chiste formidable.»

Ambos parecen decir lo mismo, aunque el tono de Borges emerge acaso de una suerte de Nirvana total y nivelador; el de Güiraldes, en cambio, es algo más positivo, más entusiasta. Borges parece estar defendiéndose de antemano de la probable envidia de su lector; Güiraldes celebra genuinamente el inesperado éxito de *Don Segundo Sombra*, expresando su comunión con una audiencia de la cual se siente, humildemente, tan sólo el intérprete.

Como dice Paul Valéry en la cita que Borges inserta en uno de sus ensayos: «La Historia de la Literatura no debería ser la historia de los autores y de los accidentes de su carrera y de la carrera de sus obras sino de la Historia del Espíritu como productor o consumidor de literatura. Esta historia podría llevarse a cabo sin mencionar un solo escritor». En *El Hacedor* (1960), Borges prolonga esta línea: «Nada me cuesta confesar que he logrado ciertas páginas válidas, pero estas páginas no me pueden salvar, quizá porque lo bueno ya no es de nadie, ni siquiera del otro, sino del lenguaje o de la tradición».

***

Las diferencias, con todo, serán muchas. Güiraldes nace en 1886 y Borges en 1899: estos años marcan un deslinde generacional no excesivo pero sin embargo nítido. Hay otras diferencias más notables. Güiraldes no es exclusivamente un escritor profesionalizado: es también deportista, boxeador, bailarín, dibujante, músico celebrado de gran voz y excelente guitarra. «Un poeta, en el cuerpo de un dios pagano», dirá Victoria Ocampo, que no solía regalar sus elogios. Su porte y hermosura evidente -tal como lo demuestran las descripciones y las fotografías- son legendarios; unidos a una generosidad y cortesía proverbiales en él, señalan una presencia carismática que atrae a los mejores -hombres y mujeres- a su alrededor.

Por el contrario, zaherido en su infancia por las vestimentas insólitas con que su familia lo enviaba a un colegio de barrio, disfrazado como un escolar de Eton, aquejado por una falta de visión que redundaba en endeblez física, Borges reconocerá alguna vez, con melancolía, no haber salido nunca de la biblioteca de su padre: «Vida y muerte le han faltado a mi vida». Si bien en ocasiones una plenitud de alegría parece invadirlo, permanece ante todo como el intelectual típico que alguna vez quiso ser el otro, el no famoso, aquél -según sus propias palabras- en cuyo abrazo hubiera podido desfallecer una mujer.

Antes de morir, Güiraldes atestigua haber percibido una vislumbre del éxtasis; por su parte, Borges, en uno de sus poemas finales, "El remordimiento", confiesa su peor pecado, el no haber sido feliz: «Siempre está a mi lado / la sombra de haber sido un desdichado». «Como la mayor parte de mis familiares habían sido soldados y yo sabía que no podía serlo, muy temprano me sentí avergonzado por ser una persona destinada a los libros y no a una vida de acción. Durante toda mi infancia pensé que ser querido era una forma de injusticia», dirá Borges en su *Autobiografía*. Nada de esto trasunta de la infancia y la adolescencia de cabalgatas de Güiraldes, quien, según sus propias memorias, contaba ávidamente los días que faltaban hasta el término del año escolar para ir a desbocarse a La Porteña, la estancia familiar. Querer y ser querido con generosidad es una experiencia permanente de su vida.

Esta visión de Borges sobre sí mismo como alguien apartado por el destino de las corrientes más vitales no deja de ser compartida por otros, aun en su temprana juventud. Notemos por ejemplo que el periódico *Martín Fierro* saluda a la segunda *Proa* con estas significativas palabras de Evar Méndez: «Mucho debemos esperar de *Proa*, por Borges, un renovador; por Güiraldes, un precursor, por cuanto ambos tienen mucho que decir, por su vida de estudio intenso el uno, por su vida intensa y ardiente el otro, y los dos por su permanencia y sus vinculaciones en ambientes extranjeros». Uno es intenso en el estudio, el otro en la vida. Pero el estudioso tenía entonces veinticinco años; el ardiente, treinta y ocho.

En muchos aspectos, Güiraldes vive ciertas experiencias que Borges se limita a describir. Los dos escriben sobre el tango; pero es Güiraldes quien lo introduce en París. Tarde en su vida, Borges escribirá letras de milongas para Piazzola; aparte de otras composiciones musicales, Güiraldes crea e interpreta letra y música de un tango suyo, "El Paráiso". Borges describe magistralmente el efecto de la droga en Quincey; Güiraldes, en cambio, en un episodio excesivamente soslayado por nuestra crítica académica, experimenta el haschich en la India, cuando, junto con Alan Diehl, va a un fumadero y consigue -a través de la mediación de un hindú «flaco y joven»- una sobrecogedora visión de la Argentina y del gaucho, que de algún modo se transmitirá más tarde en *Don Segundo Sombra*. Así lo dice en una carta a Valéry Larbaud:

«Cuando el país se me presentó liso y aparentemente hecho, vi que todo en él era imitación y aprendizaje y sometimiento, y carecía de personalidad, salvo en el gaucho que, ya bien de pie, decía su palabra nueva.»

Güiraldes se casa con Adelina del Carril, hermana de Delia, que luego de divorciarse de Adán Diehl, el compañero de viajes de Güiraldes en su juventud, fue por muchos años la mujer de Neruda. Las dos hermanas del Carril se ven unidas así a dos hombres muy distintos que, cada uno a su manera, abrirían un lugar para Sudamérica en las letras universales: como es sabido, las traducciones de *Don Segundo Sombra* muy pronto circulan internacionalmente, y aunque Neruda debe esperar algunos años para alcanzar una gloria indiscutida, su irresistible entrada marcó la literatura del siglo. Delia del Carril, muy amiga de su cuñado, la oveja negra de la familia por sus libertades domésticas y sus opiniones políticas comunistas, fue, justificadamente, una mujer legendaria por su talento plástico y por su belleza. Célebre es la anécdota del policía que la detuvo una vez en la calle para estamparle un sonoro beso, que ella contestó con una rotunda y feminista cachetada, a lo cual el increpado respondió, acaso legítimamente:

«¿Y quién te manda ser tan linda?»

Pero no fue sólo la elegancia, el talento o la impetuosidad de las hermanas del Carril lo que atrajo hacia ellas la atención de dos hombres que se volverían famosos con el tiempo y en su compañía. Había una cultura original profesada en el hogar de Delia y Adelina que anunciaba novedades inesperadas en el Buenos Aires de los veinte. A la casa de los del Carril, por ejemplo, iba todas las semanas Osvaldo Fresedo a tocar tangos, la música que la aristocracia de entonces desdeñaba por provenir de burdeles, como lo recuerda en sus *Memorias* Victoria Ocampo que añade significativamente: «Nunca comprendí por qué nuestros mayores nos negaban el acceso a una música tan religiosa».

El invitar a Fresedo era sin duda un gesto atrevido, que resultaría ciertamente inimaginable en la casa de Madre y Padre, la patriarcal y quieta casa de Borges en Quintana, adonde muchas veces iba Güiraldes en señal de amistad a tocar su guitarra -y aún a dejarla en prenda en su último viaje: una metáfora inconciente llena de presagios-. En cambio Güiraldes, hijo de un aristocrático intendente porteño, podía coincidir en el desprecio de su familia política por los convencionalismos comunes de la burguesía de la alta clase media, que rechazaba el tango por sus orígenes de conventillo y de burdel.

Mientras Borges lamenta amargamente el machismo inveterado de las tertulias del Pombo en Madrid, donde entre cuarenta hombres no alternaba una sola mujer, es a través de Adelina del Carril y sus conexiones en París que Güiraldes -previamente desalentado por la frialdad con que el *Mercure de*

France recibe su pedido de contacto- llega a conocer, vía Madame Bulteau, a Valéry Larbaud, cuya presencia y apoyo, en cierto modo profético, marcarán un viraje decisivo en la vida y en la propia autoestima de Güiraldes como escritor. La presencia de Adelina, «mi mejor manager», será determinante para salvaguardar a Güiraldes de la dispersión a las que sus dones y facilidades lo arrastraban; es en Madre, en cambio, en quien Borges encuentra a una crítica literaria de primer orden, y una custodia y censora para él respetada y respetable.

También difieren los destinos literarios de ambos escritores a la fecha de su encuentro, en 1924. *El Cencerro de Cristal*, poemario de Güiraldes, ferozmente criticado en la época de su aparición, no ha sido totalmente perdonado con sus nuevos intentos novelísticos de *Raucho* y *Xaimaca*. Pruebas al canto: en *Martín Fierro*, periódico del que Güiraldes era colaborador, aparece en julio de 1924 una reseña poco entusiasta de *Xaimaca*, de Horacio Rega Molina, quien trata al «señor Güiraldes» como a un escritor de «simpática originalidad», que se destaca ante todo por no haber incurrido «en un bodrio católico como se podría esperar de Martínez Zuviría».

Güiraldes, que no es un colorista intenso, dice Rega Molina, trabaja a sus personajes a grandes trazos y apresuradamente. Pero ha escrito el libro mientras lo vivía, y de ahí su «vitalidad sugestiva». Elogio tibio que debe haber desalentado a Güiraldes, quien había recibido previamente de Válery Larbaud un extenso y acaso desmedido elogio en cuanto a su capacidad de desplegar un análisis raciniano (sic) de los personajes, en una obra que, sin ser europea, mostraba los poderosos recursos de la nueva imaginación latinoamericana.

En octubre de 1925 aparece, por contrapartida, un artículo elogioso de Augusto Mario Delfino sobre Güiraldes donde se repasa toda su obra, y se señala, por primera vez, que en *El Cencerro de Cristal* se revela como un precursor del ultraísmo. Delfino considera asimismo que *Xaimaca* es el punto más alto de la escritura de Güiraldes, a quien se le da también ocasión para contestar firmemente la nota de Rega Molina. No hay duda de que el periódico procuraba proteger el honor herido de uno de sus integrantes más conspicuos y que el nombre de Güiraldes empezaba a ascender lentamente en los círculos literarios porteños.

Por su parte Borges, joven y petulante, ha visto a los veintitrés años el triunfo de su primer libro, *Fervor de Buenos Aires*, recibido con la admiración explícita de Oliverio Girondo en Buenos Aires, Diez Canedo en México, Gómez de la Serna en Madrid y luego Valéry Larbaud en París, a través, precisamente, de la mediación de Güiraldes, quien envía el libro con su típica generosidad, publicitando a su amigo trasatlánticamente.

Hasta aquí, entonces, las semejanzas y las diferencias entre los dos escritores. Más puntualmente ahora, llega el momento y el espacio del encuentro entre ambos. En el escenario de la generación de los veinte se inicia una intensa amistad porteña que culminará dramáticamente con la aparición del tercer protagonista: Leopoldo Lugones. Todos ellos harán de las revistas y periódicos literarios la arena de sus debates, sus rechazos y admiraciones, y este encuadre necesita una presentación previa.

***

Los años dorados

Generación de los años veinte: ultraísmo y vanguardia, socialismo y cultura popular. Como los define Sarlo, son los años dorados del gobierno culto del alvearismo. Los antagonistas centrales, para todos los grupos literarios sin distinción, son Rubén Darío y el modernismo, junto con Lugones, epígono de Rubén en ciertos aspectos de su poética. Es época de revistas y de intensos contactos internos e internacionales. En el mundo en general, más allá de las fronteras nacionales, una especie de euforia de modernidad y de expansión internacional se abre paso, porque la guerra lo ha replanteado todo: se siente el vacío y al mismo tiempo la necesidad de apuntar a la recuperación de un sentido vital. Por un lado, el heroísmo individualista o colectivo de St. Exupéry, Malraux, Lawrence, Hemingway y la fascinación de las grandes vanguardias plásticas y musicales; por otro, la atracción de los rusos y de Oriente y el despuntar del comunismo soviético.

Pero quienes se encargan de la difusión de la literatura rusa en la Argentina -aparte de la de Nietzsche y Schopenhauer- serán los integrantes del grupo de Boedo, que también programaban las ediciones populares de *Los Pensadores*; los de Florida se dedicarán en cambio, ante todo, a difundir la revolución de las artes plásticas y musicales -advenimiento del cine y del jazz- y se inclinarán a escuchar los mandatos literarios de París. Como diría

Yunque eficazmente, los de Boedo, revolucionarios, querían transformar el mundo; los de Florida, vanguardistas, la literatura.

El n° 4 de *Martín Fierro* presenta una proclama de Oliverio Girondo (sin firma) que provoca el alejamiento de Nalé Roxlo y la incorporación de Güiraldes y los González Tuñón entre otros. Aquí se habla contra «la ridícula necesidad de fundamentar nuestro nacionalismo intelectual, hinchado de valores falsos»: palo evidente contra la generación del Centenario.

«Martín Fierro se encuentra más a gusto en un trasatlántico moderno que en un palacio renacentista, cree en la importancia del aporte intelectual de América, previo tijeretazo de todo cordón umbilical, tiene fe en nuestra fonética.» Modernidad y antihispanismo se trenzan en un programa común que también incluirá un cierto antiinmigracionismo de connotaciones clasistas apenas disimuladas.

El tono combativo de la joven generación no era improvisado: respondía al malestar de una juventud oprimida por el prestigio de figuras consabidas y a la conciencia de una falta de espacio cultural respirable que se hacía cada vez más patente. En 1923 Ricardo Rojas gana el Premio Nacional de Literatura con su *Historia de la Literatura Argentina*, expresión cabal del espíritu de la generación del Centenario. Estamos en el mismo año en que Güiraldes, descorazonado, tira a un aljibe de La Porteña la edición de sus libros rechazados, *El Cencerro de Cristal* y los *Cuentos de Muerte y de Sangre*, que luego rescatará Adelina del Carril, y que serán más tarde buscados por bibliófilos y devotos. Pero al salir ya en febrero de 1924 el primer número de la segunda serie del periódico *Martín Fierro*, dirigido por Evar Méndez, la vanguardia literaria se ha instalado en Buenos Aires; allí podrá Güiraldes, junto con Borges, levantar cabeza y tratar de desplegar un nuevo programa literario.

Desde el número inicial, *Martín Fierro* arremete en la misma ráfaga contra Pío XI, Rojas, Lugones, Darío y Benavente -atacado por sostener a Primo de Rivera-. El programa literario incluye conspicuamente el ultraísmo, la nueva tendencia importada por Borges de España, doctrina en la que comulgan muchos martinfierristas. Lo nuevo es la mitad del arte, dice desde Madrid Guillermo de Torre; el ultraísmo será, al decir de Rodríguez Monegal, la rama latinoamericana del cubismo, el dadaísmo y el futurismo. Con mayor modestia y precisión, Borges define al ultraísmo como oponente del modernismo de Rubén Darío y del sencillismo de Fernández Moreno.

Del primero critica la temible tendencia a la ostentación, la suntuosidad y el lenguaje estetizante. Pero Borges no se funda en una estética socializante contra el exotismo rubeniano, sino que le critica su falta de sorpresa. Predica la metáfora, la síntesis sintáctica, la de las imágenes, la abolición del confesionalismo y de los trebejos ornamentales. Al sencillismo de Fernández Moreno le critica, en cambio, la ausencia de cosmopolitismo y su apego por la rima, que los ultraístas reemplazan por el apego a la imagen. Aparte de su breve estancia por el ultraísmo, Borges reúne en su admiración crítica a Carriego y a Gómez de la Serna, representantes uno del populismo urbano porteño y el otro de la construcción formal al estilo hispánico -y éste es acaso, según Sarlo, el aspecto más original de la vanguardia martinfierrista.

Además de las innovaciones ultraístas, *Martín Fierro* traduce y publica a Apollinaire, Morand, Jarry y Supervielle. Hay también latinoamericanos: Villaurrutia, Salvador Novo y Pellicer. No sólo la innovación literaria caracteriza al periódico sino también la plástica: al lado de los hermosos dibujos de Norah Borges, Xul Solar ensalza a Pettoruti, escandaloso en la época, y Prebisch critica al Salón Nacional de Bellas Artes, salvando sólo a Butler y a Basaldúa. Se reproduce a Picasso y a Braque, a Rivera y a Orozco; la diagramación es renovadora e incluye muchas y muy hermosas viñetas indoamericanas; la escultura maya aparece como un antídoto eficaz contra las debilidades del neoclasicismo exangüe que aún pululaba en ese momento.

Considerado retrospectivamente, el ojo crítico de los martinfierristas abrió una fuerte brecha en el quietismo conformista de la cultura burguesa porteña, e indicó muchos caminos y elecciones estéticas en las cuales todavía podemos reconocernos. A pesar de su eficacia, la innovación estética carecía de espíritu didáctico y se llevaba adelante con menos tremendismo que irreverencia: un espíritu lúdico llevaba a los integrantes de *Martín Fierro* a planear homenajes a Ramón de la Serna en una bañadera o a ponerse barbas postizas -como Borges y Piñero- en el banquete de homenaje a Ansermet.

El público al que se dirige *Martín Fierro* es un público potencial, que debe ser creado y confirmado desde la revista misma: se tratará de un público selecto, afecto a la vanguardia y su elitismo. Hay un claro sesgo clasista en Evar Méndez, el director del *Martín Fierro*, cuando, dialogando imaginariamente con Darío, le advierte que tendrá que tolerar que «malevos y verduleros lo reciten en las pizzerías». A través del mismo vocero, *Martín Fierro* afirma su derecho de renovar el arte, ya que sus jóvenes colaboradores se sienten «muy argentinos de hoy, ante todo, que es decir con recia raíz gaucha y el acento genuino de la civilización occidental de que formamos parte, y dentro de la más pura tradición y las proyecciones que quisieron dar a nuestro pueblo los organizadores de la Nación». Como puede verse, una extraña mezcla de conservadurismo político alterna aquí con la voluntad de vanguardia de Evar Méndez.

Dos ejes, arte versus lucro y argentinos versus inmigrantes, encuadran, según Sarlo, la alternativa con que los martinfierristas se oponen a la literatura de folletos por entregas de Claridad, la editorial popular de Antonio Zamora sostenida por el grupo de Boedo. El elitismo aparece también en una nota ("Carta a Guillermo de Torre") del nº 6, enero de 1925, de *Proa*, otra publicación vanguardista, donde Güiraldes dice que, «siguiendo el cauce de los simbolistas, la revista le restará importancia tanto al público masivo como a la crítica oficial». En este segundo aspecto, consecuentemente, tanto *Proa* como *Martín Fierro* destinan acerbas críticas a *La Nación* por su falta de apertura a las novedades estéticas que los vanguardistas pregonan.

Este pretendido desprendimiento quedará desmentido abiertamente por el entusiasmo que cunde entre los sedicentes elitistas en ocasión del sorpresivo éxito *de Don Segundo Sombra*, que ganó la calle con un empuje inigualado por ningún otro libro de ningún otro grupo de la época -a lo que se sumó la nota consagratoria de Lugones nada menos que en *La Nación*-. No parece tampoco que el elitismo de *Martín Fierro* se reflejara en números de difusión exquisitamente escasos: en las firmes manos de Evar Méndez el periódico alcanza una popularidad innegable. Por ejemplo, el nº 18 llega a vender 20.000 ejemplares, una hazaña para la época. Como lo ha señalado la crítica, probablemente la gran difusión no estaba sostenida por una coherencia ideológica firme sino por la pasión y la impiedad de elogios y ataques.

En este sentido, un rasgo importante es la necesidad de la pureza fonética y gramatical del castellano. Notemos que se trata de una pureza no casticista, a lo español, sino polémicamente latinoamericana. Así lo dice Girondo en su carta a de la Púa: «Porque es imprescindible tener fe, como tú tienes fe en nuestra fonética, desde que fuimos nosotros los americanos, quienes hemos oxigenado el castellano, haciéndolo un idioma respirable, un idioma que se puede respirar cotidianamente...». Pero aquí es necesaria una alerta: ésta es la misma fonética que discrimina a los inmigrantes escritores y los priva de la aprobación de sus colegas «auténticamente» argentinos. Algunos de los epitafios que *Martín Fierro* dedica a los escritores de origen italiano no dejan lugar a dudas sobre la acritud de la polémica:

> Yace en «questo lindo niche»
> Por temor de que se pierda
> Roberto Mariani, chiche
> Y honor de «la extrema izquierda»
> El mismo se ahogó en la cuerda
> De su estilo cocoliche.

> Ya Castelnuovo y Barletta
> Se pudren en esta fosa.
> Se murieron de una cosa
> Que cualquier zonzo interpreta.

> Fedor Elieff Castelnuoff

> Este es «aquél que ayer nomás decía»
> Puras macanas en los sindicatos
> Y hoy, en el Reino de la Porquería
> Chamuya en ruso con algunos gatos.

Mientras algunos se ensañan con Kinkela (sic) o Storni («Este nuevo hijo de la fecunda poetisa», refiriéndose al último libro de ella) y otros con Gerchunoff, ninguno de los célebres epitafios de *Martín Fierro* alcanza a Güiraldes, salvo uno de Alejandro Sirio:

> Este Ricardo Güiraldez (sic)
> Ya tiene bastante edad
> ¿Para qué demonios quiere
> Nueva sensibilidad?

Se tiene la impresión de que la revista, capaz de un nivel de agresión infrecuente entre nosotros, tiene claro por dónde pasa la línea de las defenestraciones posibles y las imposibles -o indeseables.

Por ejemplo, Horacio Quiroga, cuyo renombre se había afianzado en una encuesta de *Nosotros*, recibe el desdén de *Martín Fierro*. El mismo Borges no resulta inmune a los dardos de sus compañeros, que lo mencionan a menudo en los epitafios, como éste, firmado por L. M., iniciales de Leopoldo Marechal:

Yace aquí, profesor de sueño,
Jorge Luis Quevedo y Argote
La retórica está sin dueño
Galvanizarlo es vano empeño
Murió por falta de bigote.

Está claro que los compañeros de ruta de Borges no aprobaban los excesivos neobarroquismos que aparecen, por ejemplo, en *Inquisiciones*, que fueron motivo de sorpresa, también, para críticos mesurados y sabios como Henríquez Ureña, a pesar de la genuina admiración que el escritor dominicano expresa por el «profesor de sueño». Una más sangrienta nota, en la sección de "Mentiras Criollas", dice: «Borges ha visto».

Pero acaso más agraviante para Borges resultó el epitafio a él dedicado con motivo de una disputa interna de Florida, según la relata Vaccaro. Al parecer, existió en un momento la idea de unir de forma editorial y financiera a *Proa* y *Martín Fierro*, idea que provenía de Girondo y que fue vetada por Brandán Caraffa, debido a que *Martín Fierro* tenía deudas, mientras *Proa* contaba con dinero suficiente. Esta fricción desembocó en una animosidad general; Enrique González Tuñón se desata con el siguiente epitafio:

Borges, que descansa aquí
pudo ocupar gran volumen
mas derrochó su cacumen
con Brandán y con Smith.

Tal como lo relata Vaccaro, el problema consistía en que, según Borges, Smith era «notorio puto», y la acusación, intencionada. Muchas de estas acusaciones homofóbicas circulaban en una revista que no excluía ciertas tonalidades machistas y que tampoco dio mayor importancia o atención a las mujeres escritoras, con contadas excepciones. El epitafio habría sido causado, en realidad, por un par de cachetazos dados anteriormente por Borges a Enrique González Tuñón, producto, probablemente, de una desaveniencia política. En una vida tan poco propensa a los cachetazos como la de Borges, este curioso episodio resalta en forma especial porque señala las fisuras internas del grupo, más allá de las tranquilizadoras versiones que hacen de él una especie de amistoso y permanente desfile de homenajes y cenas de camaraderías entre jóvenes avanzados literariamente.

El conflicto entre Boedo y Florida fue mucho más real y frontal que la trivial escaramuza aducida por Borges en publicaciones y entrevistas posteriores: Mariani, de Boedo, reprochaba en *Martín Fierro* n° 7 a los martinfierristas su adhesión a Lugones y les imputaba su imitacionismo citando a Machado: «Acaben los ecos - Empiecen las voces». Mariani se queja de la falta de espíritu de protesta de los martinfierristas y dice que la «literatura humana» que los escritores de Boedo profesan está más cerca del verdadero espíritu del personaje de Hernández. A esto contesta la xenofobia de *Martín Fierro*: «El propio señor Mariani se nos antoja un eco, un eco indignado con una cierta deformidad de pronunciación...». A los escritores de Boedo se les reprocha la connivencia con Gálvez y el realizar literatura con fines de lucro por medio de novelas semanales -olvidando que el mismo Güiraldes había publicado *Rosaura, Un idilio de estación*, amparado por Quiroga, en una de estas series.

Las publicaciones de Boedo, según los martinfierristas, son «anécdotas de conventillo» en una «jerga abominablemente ramplona, plagada de italianismos»: «subliteratura que alimenta la voracidad inescrupulosa de empresas comerciales creadas con el objeto de satisfacer los bajos gustos de un público semianalfabeto...». «Nosotros somos todos argentinos sin esfuerzo, porque no tenemos que simular ninguna pronunzia exótica.»

Boedo no se queda atrás en los ataques. Ya en junio de 1925 *Los Pensadores* proclaman: «La originalidad consiste para ellos en retorcerle el cogote a las palabras y entreverarlas en una forma ambigua y descabellada, haciendo del discurso una verdadera riña de gallos. Hay uno que dice «prefación» por prefacio y cree haber descubierto la cuadratura del círculo...». Aclaremos que quien había cometido la «prefación» era nada menos que el mismo Borges quien, de todos modos, cualquiera fuera el juicio que sus camaradas de la trinchera opuesta le merecieran, se abstuvo prudentemente de insistir en el término.

Hay otra oposición tácita interesante: la oposición de *Nosotros* y *Martín Fierro*, de la que hablan sólo Sarlo y también Di Tullio, en un interesante estudio. Se trata de una polémica más soterrada, ya que si bien entre Boedo y Florida se puede hablar de una distinción entre arte/lucro, esta distinción no cabe entre *Nosotros* y *Martín Fierro*, donde la distinción pasa directamente entre familias «tradicionalmente argentinas» y segunda generación de inmigrantes.

Sin embargo, es en *Nosotros* donde Borges publicará su primera propuesta literaria, la proclama ultraísta. Su llegada al ilustre periódico no deja de ser pintoresca, y se apoya en la previa aparición de *Prisma*, el insólito periódico mural que animaban las xilografías de Norah Borges. En su *Autobiografía* Borges recuerda: «Salíamos de noche cargados con baldes de engrudo y escaleras, proporcionados por mi madre, y caminábamos kilómetros, pegando las hojas a lo largo de Santa Fe, Callao, Entre Ríos y México. La mayor parte de las hojas eran arrancadas casi inmediatamente por lectores desconocidos, pero, afortunadamente, una de ellas la vio Alfredo Bianchi, de *Nosotros*, y nos invitó a publicar una antología ultraísta en su sólida revista». El otro director, Roberto Giusti, sin embargo, se despacha desdeñosamente contra *Prisma* desde las mismas páginas de *Nosotros*.

En *Nosotros* -que no se jacta de vanguardismos, pero que dura desde 1907 hasta 1943, mientras *Martín Fierro* sucumbe en 1927- colaboran Nietzsche, Nervo y Wilde entre otros; campea un socialismo atento a los problemas inmigracionales y un americanismo muy abierto; y la tendencia europeizante no excluye ni se opone a España, como suele ocurrir en *Martín Fierro*. Dirigida por Alfredo Bianchi y Roberto Giusti -que fueron a veces blanco de los epitafios martinfierristas- la referencia a Italia y a su literatura es también muy frecuente. Los martinfierristas consideraban a los escritores de *Nosotros* excesivamente serios, moderados o conservadores estéticamente, y un prurito clasista propio de descendientes de familias «tradicionalmente argentinas» los mantenía en una suerte de distante expectativa con respecto a ellos.

Así, la vanguardia argentina tiene tres contrafrentes, dos declarados y uno tácito, y acaso las oposiciones más importantes se juegan en el tercer contrafrente. El primer contrafrente, compartido con Boedo y sólo hasta cierto punto con *Nosotros*, es la generación del Centenario; el segundo Boedo; y el tercero, un cierto yrigoyenismo populista contra el socialismo de corte ilustrado y progresista de Bianchi y Giusti en *Nosotros*. El conflicto -oculto y ocultado- con este frente revela acaso con mayor claridad los rasgos más profundamente reaccionarios de la vanguardia martinfierrista.

Es en *Nosotros* donde se publica la demasiado poco conocida polémica entre Villoldo y Borges acerca de la publicación, en *Proa*, sin ningún encuadre crítico, del manifiesto fascisto-futurista de Marinetti.

La proclama de F. T. Marinetti publicada en *Proa* es traducción y responsabilidad de Brandán Caraffa, y se espera con ella, según dice la nota introductoria, que el lector «cambie de idea con respecto al fascismo», que es «sólo el sueño de revivir el viejo Imperio Romano». El texto se titula equívocamente «contribución al estudio del romanticismo», porque se considera acaso que el futurismo le es antitético, y su tono no da lugar a dudas:

«A los invertebrados: El futurismo es un gran pensamiento antifilosófico y anticultural de ideas intuidas, instintos, puñetazos, patadas e insultos purificadores, renovadores y aceleradores, creado el 20 de febrero de 1909 por un grupo de poetas y artistas italianos geniales. Combatimos el tradicionalismo, las bibliotecas y los museos (entre otras cosas). Inculcamos nuestra orgullosa italianidad con palos y trompadas legendarios... Vittorio Veneto y la llegada del fascismo al poder constituyen la realización del programa mínimo futurista. Este programa mínimo postula el orgullo italiano, la fe ilimitada en el porvenir de los italianos, la destrucción del imperio austro-húngaro, la violencia rehabilitada como argumento decisivo, la religión de la velocidad y la originalidad, la subida del joven al poder contra el espíritu parlamentario burocrático, académico y pesimista.»

Como podía esperarse, desde *Nosotros* se lanza una nota de alarma contra esta intempestiva proclama inserta en la revista dirigida por Güiraldes, Borges, Rojas Paz y Brandán Caraffa -del que, dado lo inmoderado de su carácter, cabría suponer que pudo haber actuado por cuenta propia y sin advertir a sus camaradas de dirección de lo incendiario del mensaje-. El artículo de *Nosotros*

(Año 19, vol. 49, nº 121, abril 1925, pp. 546-47) está firmado por Juan Antonio Villoldo y Borges reacciona con vehemencia:

«Yo personalmente concuerdo con todo lo que afirma Villoldo, salvo con su capricho de anteponer el argentinismo coya de Rojas al francesista o latinizante que manifiesta el cordobés. Todos los patriotismos que aquí se estilan -el románico, el quichua y el de los barulleros de la Raza- me parecen exóticos y no escalono jerarquías en su condenación común. ¿Cuándo habrá un patriotismo criollo que no sepa de Atahualpa ni de Don Diego de Mendoza ni de Maurice Barrès? (...) ¿Basta el solo hecho de que *Proa*, revista puramente literaria, no haya atacado hasta hoy la bravuconería del cordobés, para que la declaren cómplice suya? ¿No es esto una injusticia?»

«Yo, Bianchi, soy más o menos una cuarta parte de *Proa* y voy a defenderme llanamente de los dos cargos de fascismo y lugonería. (...) En cuanto al solemnismo patriotero de los fascistas, yo jamás he incurrido en semejantes tropezones intelectuales. Me siento más porteño que argentino y más del barrio Palermo que de otros barrios. ¡Y hasta esa patria chica -que fue la de Carriego- se está volviendo centro y he de buscarla en Villa Alvear! Soy hombre inapto para las exaltaciones patrióticas y la lugonería; me aburren las comparaciones visuales y a las audiciones del Himno Nacional prefiero la del tango Loca.

Le estrecho muy cordialmente la mano, J.L.B.»

Pero Villoldo vuelve a la carga en el siguiente número de *Nosotros* (junio de 1925, vol. 50, año 19, nº 123, pp. 284-285): «*Proa* habla en tono heroico de la llegada del fascismo al poder. Ya lo decía Hugo: «Las tonteras frívolas engendrarán las tonteras atroces. Los libros hacen los crímenes. La palabra quimera tiene dos sentidos: significa sueño y significa monstruo» y quizá esto no tenga remedio.» Villoldo dice creer, sin embargo, en el talento y la buena fe de los cuatro directores de *Proa*.

Con todo, la Breve Rectificación de *Proa* nº 9, en respuesta a Villoldo, no justifica su generosa diplomacia y es, de hecho, una mezcla de mala fe y prepotencia. «En los ocho números publicados, no existe ni un artículo ni un párrafo, ni siquiera una palabra, de prédica fascista.» «Y no nos gusta que vengan los del Comité.» Acaso este incidente cuente en la determinación de Güiraldes de abandonar *Proa* tres números después, pero no sería fácil verificarlo. Los martinfierristas, en todo caso, homenajearán a Marinetti: en la foto del banquete que *Martín Fierro* le ofrece en 1926 figuran conspicuamente, aparte de Borges y Güiraldes, Delia y Adelina del Carril, y varios artículos en la revista, si bien procurando algunos deslindar el peligroso giro político de sus propuestas, subrayan la importancia estética del mensaje de Marinetti.

En cuanto a Borges, se explaya sobre Marinetti en una nota de *Crítica*, de 1926: «Pienso que sus libros valen muy poco. Son simulacros italianados de Whitman, de Kipling, tal vez de Jules Romains. Cualquiera de esos tres lo sobra. En su tiempo fue la mayor medida profiláctica contra la cursilería ambiente». Esta es acaso la única justificación -promovida por la escabrosa vecindad con el fascismo, que no podía escapar al espíritu crítico de Borges- destinada a disculpar el invertebrado entusiasmo de *Proa*.

Está claro que cuando el peligro de acusaciones políticas arreciaba, los integrantes de Florida tendían a acentuar los aspectos literarios del debate sin entrar en implicaciones ulteriores. Pero aparte de las opciones estéticas y los programas ideológicos, es notable el movimiento la joven generación a través de revistas, movimientos y grupos, los encuentros en cafés y restaurantes, los homenajes, las polémicas y los debates, la promoción de las distintas editoriales y un ambiente de comunicación vital que supera con mucho, en volumen e intensidad, el previo espacio recíproco, mucho más circunspecto, de los escritores de fin de siglo, y aún el de nuestros días de panaceas electrónicas. Hay también una voluntad de unificación y de expansión cultural indiscutible: así, la convocatoria a un frente único es hecha por Girondo, que, con el beneplácito del grupo, parte en viaje de exploración y contacto literario por el Pacífico, y llega luego a España -vía a México- donde publica sus *Calcomanías*.

No hay duda de que el estilo polémico de *Martín Fierro*, y el poner en escena las disensiones personales, estéticas y políticas, tanto internas como externas, fueron claves de su popularidad, cualesquiera fueran sus pruritos elitistas. Es en este remolino cultural que acabaría por transformar la cultura porteña donde se encuentran Güiraldes y Borges por primera vez. Un breve e intenso encuentro que terminará en triunfo, muerte y alejamiento -y un alejamiento que se prolonga hasta nuestros días.

***

Larbaud: el puente Buenos Aires-París

1924 es un año acelerado: en febrero aparece el primer número de la segunda época de *Martín Fierro*, el 15 de julio se conocen Güiraldes y Borges en la inauguración de Amigos del Arte, cuyo presidente es Manuel Güiraldes, y ya en agosto aparece la segunda serie de *Proa*, dirigida por Güiraldes, además de tres co-directores: Brandán Caraffa, Pablo Rojas Paz y Jorge Luis Borges. En el otoño europeo París reconoce a la joven vanguardia porteña: aparece "Lettre à Deux Amis", de Valéry Larbaud, en *Commerce*, dirigida a Ricardo Güiraldes y Adelina del Carril, con motivo de la aparición de *Proa*.

Es importante aquí detenerse en la relación previa entre Larbaud y Güiraldes, por su indudable significado y por las consecuencias que tiene para el resto de toda la historia.

El encuentro de Valéry Larbaud y Güiraldes tiene lugar en París en 1919, y la importancia de esta amistad, que confirmó a Güiraldes en su vocación de escritor, es innegable. Larbaud escribe, ya en 1920, un artículo titulado "Poètes espagnols et hispano-américains contemporains", del 1° de julio, en la *Nouvelle Revue Française*, la revista donde publicaban entre otros Gide, Claudel, Valéry y Mauriac, los máximos representantes de la literatura francesa y mundial de la época. Dice Larbaud hablando de Güiraldes -acaso más proféticamente de lo que él mismo se lo imaginaba:

«¿Quién sabe si este poeta sutil, delicado, ultradecadente, formado en la escuela de Rimbaud y surgido de esa nueva Alejandría que fue el París de 1870-1900, no llegará a ser considerado como uno de los grandes escritores nacionales de la gran república hispanoamericana?»

Valéry Larbaud proporciona este inusitado espaldarazo a Güiraldes hablando de *El Cencerro de Cristal*, un libro que ha fracasado ruidosamente en Buenos Aires. Además, Larbaud analiza a *Raucho*, la novela claramente autobiográfica de Güiraldes, de cuyo protagonista dice -curiosamente- que no es artista sino un bohemio burgués cuyo retorno a la pampa (momento en que nos deja de interesar, según Larbaud) puede verse como una manera de aburguesarse definitivamente. Es decir que, mientras Güiraldes predica una suerte de antidecadentismo con un regreso redentor y ecológico *avant la lettre* a las raíces, Larbaud parece considerar que esta fuga hacia la pampa, después de los espejismos de París, es ante todo una reacción defensiva y no el comienzo anunciado de una nueva y auténtica aventura espiritual -como obviamente lo planteaba Güiraldes.

A través de exageraciones y malentendidos, se vuelve obvio que el artículo es más una apuesta por la amistad con un hombre que prometía, por sus lecturas y por su fascinación propia, cierto vuelo literario, antes que una madura valoración crítica -Larbaud ve influencias de Rimbaud en el *Cencerro* y compara a Güiraldes con Góngora, llegando hasta a alabar su puntuación-. Cualesquiera sean las disonancias implícitas en la mutua comprensión, Güiraldes prosigue ahincadamente la correspondencia con Larbaud, que será su aval en Europa y apoyará entusiastamente la aventura de *Proa*. En 1924, en su carta a Adelina y a Ricardo desde *Commerce* -reproducidas en una traducción hecha por Adelina en el número 8 de *Proa*- Larbaud festeja la aparición de la segunda *Proa*, capitaneada por Güiraldes: «...y de aquí en adelante, los libros que vendrán de la América Latina nos hablarán de cosas que deseamos conocer a fondo, es decir, poéticamente: la Pampa, su gran dominio, Ricardo...».

La frase parece haber actuado como una consigna mágica para Güiraldes. Basta de refinamientos modernistas, basta de jactancias vanguardistas, basta de imitaciones decadentes, y basta también de Rauchos y Xaimacas y Cencerros. Ahora su dirección va a consistir en rescatar el proyecto iniciado años antes en París, una narración donde va a dirigirse más hacia sí mismo y a su propia experiencia: la de un paisaje, la pampa, que aun no ha sido dicho en lenguaje contemporáneo, y en la literatura nueva que él quiere inaugurar.

Larbaud continúa alentando a los jóvenes escritores argentinos y en particular a Güiraldes. En "La obra y la posición de R. Güiraldes", traducción de un artículo de *La Revue Européene* publicada en *Nosotros*, en agosto de 1925, hablando Larbaud de los jóvenes escritores argentinos, dice lo siguiente: «Han vuelto a ponerse en contacto las jóvenes literaturas hispanoamericanas y la literatura española fecundada por Rubén Darío (...). Actualmente la vanguardia que trabaja por esta aproximación y por la asimilación de las últimas influencias francesas y españolas tiene por órgano la revista *Proa*, de Buenos Aires, y por jefe indiscutible a Ricardo Güiraldes». Pero no es sólo de Güiraldes de quien habla Larbaud, sino también de sus compañeros de *Proa*, y por consiguiente, también de Borges, cuyo nombre comienza a resonar así del otro lado del Atlántico mucho antes de que Drieu la Rochelle volviera a

París con su famosa frase consagratoria: «Borges vaut bien le voyage»: Borges bien vale el viaje.

Los nombres que Güiraldes ha ido sugiriendo a Larbaud se abren camino junto con el suyo propio y serán confirmados luego por las letras argentinas y las letras mundiales contemporáneas: pero en ese temprano entonces se trata sólo de una apuesta que Larbaud respalda por su propia cuenta y riesgo, una audacia que el destino transformaría en algo así como un clarividente triunfo. Es decir, una suerte de incipiente consagración internacional, ejecutada por un Valéry Larbaud inspirado por Güiraldes, que supo ganar para sí mismo y para sus pares, con generosidad, pero también con una especie de naturalidad de estratega instintivo, un relámpago de atención en el espacio europeo.

He aquí la presentación -curiosa en algunos aspectos- que envía Güiraldes a Larbaud al remitirle los primeros libros de Borges: «Jorge Luis Borges es el autor de *Fervor de Buenos Aires* que le he mandado no hace mucho y de quien ha hablado Ramón en la *Revista de Occidente* (23 años, muy delgadito y rosado, tan corto de vista que tememos que siga el camino de su padre que está ciego a los 44 años). Tiene unas manos pequeñas y tímidas que retira ni bien las da, es ágil en la réplica y sutil en la crítica. Una sensibilidad llena de lastimaduras. Espíritu religioso. Católico».

La mención final es curiosa, ya que ni Güiraldes ni Borges profesaban el culto oficial, tampoco reverenciado por Larbaud, que hacía sus armas junto a Gide y a Valéry, ciertamente poco devotos. En cuanto a la «sensibilidad llena de lastimaduras», la expresión parece remitir a una zona confidencial que hoy nos resulta arduo reconstruir, ya que los escritos de la época muestran a un Borges afirmativo y provocador, poco dado a las quejas personales y sí a las protestas, y mucho más extrovertido de lo que sería posteriormente. En su *Autobiografía*, Borges recuerda con entusiasmo las circunstancias de su primer regreso de Europa: «Aquellos fueron años felices porque en ellos se sumaron las amistades. Son los años de Norah Lange, Macedonio, Piñero y mi padre. Detrás de nuestro trabajo había sinceridad: sentíamos que estábamos renovando la prosa y la poesía».

Larbaud reacciona más que positivamente ante *Inquisiciones*, de Borges, en su artículo de *La Revue Européenne* de 1925, "Lettres argentines et uruguayennes", teniendo en cuenta, sobre todo, que en este libro Borges, juvenil e insolente, no trepida en descargar toda una salva de artillería pesada contra la literatura francesa, sin distinciones: «En Francia son desentendedores plenarios y toda geografía (física o política, entiéndase, que de la espiritual ni hablamos) es un error ante su orgullo». (Ejecución de tres palabras, *Inquisiciones.*) Con elegancia y astucia, Larbaud contesta saludando, sin rencor, al sabio cosmopolitismo de Borges como a un exponente excepcional de las nuevas letra hispanoamericanas, que rompen por fin con su enojosa tendencia a repetir la literatura francesa y se forjan un ámbito más amplio y respirable:

«(...) Es el mejor libro de crítica que hemos recibido hasta la fecha de la América Latina, o por lo menos el que mejor corresponde al ideal que nos hemos formado de un libro de crítica publicado en Buenos Aires. Creíamos, en efecto, que en esta capital, más cosmopolita que cualquiera de nuestras capitales europeas, debía constituirse tarde o temprano una elite intelectual que diera nacimiento a una crítica a la vez europea y americana, más amplia, más libre, más audaz... saludamos su libro *Inquisiciones* como el comienzo de una nueva época en la crítica argentina.»

Notemos que Borges cuenta sólo veintiséis años en ese momento y en *Inquisiciones* ha recogido artículos escritos años atrás: ¿qué literato argentino de genio precoz, en nuestros tiempos de globalidad e Internet, podría esperar una asonada así desde los supremos sitiales del poder intelectual europeo?

Borges, sin duda, no pudo permanecer indiferente ante la rapidez y la seguridad con que Larbaud, a través de la mediación de Güiraldes, reconoce plenamente -y certeramente- sus dones más sobresalientes, acordándole un prestigio trasatlántico insólito para un porteño veinteañero. Un prestigio, por otra parte, que pocos críticos en Buenos Aires estaban dispuestos a otorgarle. La clarividencia de Larbaud no deja de sorprender en este caso, sobre todo si se la compara con el entusiasmo un tanto invertebrado que ha despertado en él la obra de Güiraldes.

Con una falta de chauvinismo cultural sorprendente en un francés, Larbaud agrega que uno de los méritos de Borges es el de extender el cerco de la atención intelectual más allá de las influencias francesas y españolas para incluir los escritores ingleses y alemanes. Y añade este punto capital: «Pero la crítica de Borges no es solamente la de un historiador de las literaturas europeas, de un simple erudito. El posee una doctrina estética y combate por esa doctrina...».

También apreciaría Borges la distinción trazada por Larbaud entre su grupo vanguardista y las «generaciones innumerables de buenos discípulos de los jesuitas del siglo XVIII, que continúan rehaciendo infinitamente sus ejercicios de prosodia y de retórica», una frase con la que Larbaud retrata sin duda a los escritores del Centenario -Lugones, Rojas, Gálvez y Larreta entre otros-. A través de *Proa*, augura optimista -y algo prematuramente- Larbaud, el escritor argentino ya no será «un europeo desterrado en un país hostil cuyos habitantes lo miran con desconfianza y desdén». En realidad, ni Borges ni Güiraldes se sentían europeos desterrados; por el contrario, el desafío de renovar y ampliar la mentalidad y la literatura de su país con instrumentos nuevos era un motivo de fuerte arraigo para ellos, y este desafío se daba en un espacio que sólo la Argentina les podía ofrecer.

Larbaud recalca la importancia de los viajes a través de América -como el que por entonces estaba realizando Oliverio Girondo, en busca de paisajes y poetas amigos-. También señala la necesidad de redescubrir la poesía propia de las ciudades, como lo ha hecho ya Borges en su *Fervor de Buenos Aires*. Insiste una vez más: hay que decir poéticamente la pampa, las grandes ciudades, la mezcla de razas, la asombrosa historia latinoamericana, los vigorosos restos de las civilizaciones indias.

«Concluidas las descripciones de Versailles y de Venecia, sin interés para nosotros.» Aquí leemos, entre líneas, la proscripción del modernismo de Rubén Darío y su cortejo de cisnes y góndolas como movimiento definitivamente desahuciado por Larbaud: nada podía regocijar más a Borges, cuyo primer intento ultraísta había implicado en primer lugar, precisamente, la denuncia de la decadencia irreversible del rubenismo.

Larbaud señala también que la estrategia a seguir para la difusión de una vanguardia poética hispanoamericana consiste primero en consolidar internamente el grupo, luego reforzar la solidaridad latinoamericana -como *Proa* y *Martín Fierro* ya lo manifiestan al publicar, entre otros poetas latinoamericanos, poemas de Neruda- y en tercer lugar -y éste es quizá el punto que menos convocatoria suscita su programa en aquella época- reanudar lazos con una España, según él, literariamente renovada. De este programa bosquejado por Larbaud, lo importante es que, como dice Blasi, «Larbaud ve en *Proa* la formación de una elite latinoamericana que situará al continente ante la audiencia europea del más alto nivel. Comprobados los resultados unas cuantas décadas después, y particularizando en algunos nombres del grupo -Güiraldes, Borges, Neruda y otros- no podemos menos que asentir ante su vaticinio».

Crucialmente, Larbaud concluye el mismo artículo diciendo que si, como consecuencia del movimiento iniciado por *Proa*, apareciera un escritor de envergadura universal, esto bastaría «para imponer de viva fuerza los mejores de vuestros americanismos y la mayor parte de vuestros galicismos e italianismos a la lengua literaria de la península». De una sola picada, Larbaud ha visto que el problema central de la literatura latinoamericana es definir su propio lenguaje, un lenguaje autónomo con respecto a España. «Acaso Ricardo Güiraldes mismo», dice, «está llamado a cumplir con esta tarea, que lo haría erguirse como un Poe o un Whitman en el centro geográfico del dominio español».

Güiraldes recoge el guante de este ambicioso desafío con *Don Segundo Sombra*; es a él ante todo a quien se ha dirigido Larbaud. Pero como veremos más adelante en *Luna de Enfrente*, en *El Tamaño de mi Esperanza*, y sobre todo en *El Idioma de los Argentinos*, es Borges quien a su manera lleva a cabo más plenamente el programa de Larbaud -ante todo con respecto al deslinde necesario de una lengua literaria argentina frente al autoritarismo de la norma lingüística castellana.

***

Proa

Brandán Caraffa el furibundo y Rojas Paz el medido y académico, completan, según los calificativos de Lafleur, el cuarteto directivo de *Proa* con Güiraldes y Borges. Es indudable que para Güiraldes el encuentro con Borges resultaba estimulante, como lo atestigua un episodio previo a este encuentro. Oliverio Girondo había sido quien, oponiéndose a la soledad y desaliento que habían infligido a Güiraldes sus primeros fracasos, lo había puesto en contacto con la nueva generación de modo contundente. Ante el escepticismo con que respondía Güiraldes a su afirmación sobre la valía de la juventud literaria de la época «Oliverio me tiró por la cabeza un libro que traía en la mano», cuenta Güiraldes a Borges en una carta. «Su *Fervor de Buenos Aires*, Borges, me convenció de entrada.»

El primer libro de Borges no es sólo un poemario excelente según Güiraldes: será también el puente que marca el renacimiento de su confianza en la existencia de un ambiente literario donde ejercer a la vez su capacidad de escucha y de creación, en una suerte de coincidencia poética central con los escritores jóvenes, renovadores de su tiempo. En este ambiente se encuadra *Proa*, nacida de un entusiasmo fresco, aguerrido y compartido.

La recepción por parte de *Martín Fierro*, muy lejos de expresar posibles rivalidades latentes, es plenamente favorable. «Mucho debemos esperar de *Proa* como creación, como aporte orientador, como sentido crítico, filosófico y estético; como acción depuradora de un estilo superior», dice la nota escrita por Evar Méndez. Borges es descripto como «el admirable poeta de *Fervor de Buenos Aires*»; en cuanto a Güiraldes, es «una de las más valiosas figuras de la intelectualidad argentina actual que se adelantó en diez años al movimiento literario presente aquí y en Europa, el poeta de *El Cencerro*, el narrador de los *Cuentos de Muerte y de Sangre*, el novelista de *Raucho*, *Rosaura* y *Xaimaca*».

Proa fue una patriada entusiasta y costosa. Como dice Borges en su diálogo con Victoria Ocampo, para el primer número -quinientos ejemplares en papel pluma, de ciento veinte páginas- cada uno entregó la suma -«onerosa para mí»- de cincuenta pesos. La revista contrasta con *Martín Fierro* por una actitud reflexiva de alcance más radical en ciertos aspectos: en la declaración inicial, por ejemplo, se hace hincapié en el desprestigio que la primera guerra ha representado para Europa, con la consiguiente toma de conciencia nacional, en el sentido de que en la tarea de civilización no pueden esperarse tutelas exteriores sino, fundamentalmente, el aporte propio del país. Como ejemplo de esta autonomía intelectual irradiando a nivel mundial, *Proa* reivindica oportunamente la Reforma Universitaria.

A renglón seguido, sin embargo, y con cierta ingenuidad optimista muy propia de Güiraldes, se habla del apoyo que, luego de una inicial indiferencia, «las clases cultas» -cualquiera sea el significado de esta expresión- han brindado al proyecto de *Proa* «con la espléndida convivencia que acaba de iniciarse entre ellas y los artistas, sin distinción de banderas. A esa armonía la llamamos la segunda etapa».

Convengamos que vanguardia y armonía con la aristocracia o la burguesía no son conceptos correlativos -algo hay de inocente omnipotencia o de ignorante inexperiencia en esta apertura de la nueva serie, que no alcanzaría a durar dos años.

A pesar de la pregonada independencia con respecto al pensamiento europeo, Güiraldes se apresura a presentar a sus amistades literarias francesas en *Proa* -más que por política de amigos, llevado por su propia y espontánea admiración por los escritores que ha conocido o a los que se ha aproximado en París, en la librería de Adrienne Monnier y a través de lecturas compartidas con Valéry Larbaud: Gide, Claudel, Giraudoux, Joyce, Valéry, Jules Romains, Léon Paul Fargue, Saint John Perse. Pero también Neruda. Pero también Arlt, de quien se publican dos capítulos de *El Juguete Rabioso*.

Por su alcance internacional y su voluntad de mezclar lo mejor de la literatura nacional con los más avanzados entre los escritores y poetas continentales y europeos, *Proa* presagia a *Sur* y es su lejano modelo dentro de nuestro país. No es extraño encontrar en el diario de Güiraldes la mención de que el 4 de septiembre de 1924, en momentos de activa busca de apoyos y suscripciones para *Proa*, Victoria Ocampo recibía a Brandán Caraffa, Rojas Paz, Borges, Adelina y Ricardo Güiraldes. Muy probablemente Ocampo habría ofrecido entonces su apoyo cultural y económico en esas circunstancias -pero también habría encontrado inspiración para lo que luego sería el proyecto de su propia revista, de trayectoria mucho más articulada y prolongada que la de *Proa*.

Cuando Güiraldes desaparece de la dirección en el nº 12 -y es reemplazado por Bernárdez- Luis Emilio Soto, desde *Los Pensadores* (115), ataca a los poetas «imagínificos» de Florida (noviembre de 1925). En febrero de 1926, como se verá después, *Los Pensadores* se despachan también contra Borges, una vez desaparecida *Proa*. Muy distinta es la actitud de Valéry Larbaud desde *La Revue Européenne*: «Nos enteramos con pena de la desaparición de la revista *Proa*, fundada en 1924 por el poeta argentino Ricardo Güiraldes... La vida de una publicación como *Proa* depende de la existencia de una elite, de una aristocracia espiritual numerosa. Es preciso creer que esta aristocracia espiritual no es muy numerosa en la Argentina, o bien que la aristocracia argentina es menos... aristocrática que la nuestra... sin embargo *Proa* no habrá sido inútil: ella habrá dado a la América del Sur una revista comparable a las de los Estados Unidos: *The Dial* y sobre todo *The Little Review*».

Proa fue, según Lafleur, la más armónica, coherente y definitiva revista de la nueva generación, con sus virtudes numerosas y también sus trascendentes errores. Pero su objetivo utópico («plasmar en Academia la energía dispersa de una generación sin rencores») ignoraba los conflictos que la avalancha inmigratoria y su difícil asimilación representaban para el país. Inmersos en un esteticismo parisino, dice Lafleur, les pasó inadvertido el conflicto social ambiente: de allí su fracaso.

Güiraldes se queja con amargura en *Capricornio*, despidiéndose de Borges y Caraffa, de haber sido acusados de «querer ser príncipes» y estar aislados como «perros sarnosos». Y subraya el americanismo de *Proa*: habían publicado a Lisazo sobre poesía cubana, a Villaurrutia, a Pellicer. Pero les faltaba el humor y la contundencia de *Martín Fierro*, el interés por las innovaciones plásticas, la garra comercial de Evar Méndez. Y ante todo, les sobraban proyectos individuales que no les permitían dispersarse en una empresa costosa en energías y dinero: aunque lamentable en su momento, el hundimiento de *Proa* fue, particularmente para Güiraldes, un naufragio providencial.

***

Todo parece indicar que dentro de *Proa*, Güiraldes había escogido el modelo de líder mediador, que intenta su propio progreso al mismo tiempo que interpreta y comunica los valores del grupo, integrándolo a otros grupos exteriores, orientados hacia Francia en su caso. En cuanto a sus contactos europeos, Borges se recorta con muchas menos referencias en el perfil de su generación y en su actividad en *Martín Fierro* y *Proa*. Sólo ha podido ser un transeúnte en el cielo de Madrid, tan poco afín a sus propios talentos: España no estaba madura para el tipo de acogida que Larbaud brinda a Güiraldes.

Al tiempo que colaboraban en *Proa*, sin embargo, Güiraldes y Borges se habían embarcado en la publicación de dos obras muy disímiles pero de espíritu gemelo en algunos sentidos: *El Tamaño de mi Esperanza y Don Segundo Sombra*. Pero preludiando la aparición de estos libros, Borges publica *Luna de Enfrente*, un libro menos conocido y apreciado que *Fervor de Buenos Aires* y sin embargo, a mi entender, poéticamente más convincente. Además, en *Luna de Enfrente* se anuncia el viraje de Borges del ultraísmo al neocriollismo que postulará doctrinariamente en *El Tamaño de mi Esperanza*.

Los amores de Borges con las metáforas coloridas heredadas de la tertulia madrileña han sido fugaces: el período que se abre ahora será, con mucho, uno de los más cargados y decisivos de su trayectoria personal y poética, y lo llevará inesperadamente a un deslinde dramático con respecto a sus propias opciones y a sus talentos más profundos. El comienzo, sin embargo, es idílico y triunfal, como lo veremos enseguida.

Este pasaje de la herencia madrileña, eco de otros movimientos europeos, al neocriollismo, no es sorprendente en Borges ni tampoco, en términos más generales, en la historia de las vanguardias latinoamericanas. Según Octavio Paz (*Los Hijos del Limo*), las primeras manifestaciones de la vanguardia en nuestro continente fueron cosmopolitas -con París como centro intransferible- y políglotas. (Recordemos la autodefinición de Borges en la *Exposición de la Poesía Argentina* -recopilada por César Tiempo y Pedro Juan Vignale- cuando se le pregunta por su profesión: Políglota.) El cosmopolitismo inicial, sin embargo, no tarda en provocar una reacción pendular: el americanismo de William Carlos Williams en Estados Unidos, y en Sudamérica Vallejo -un gran poeta religioso, según Paz-. Este agrega que el nativismo aparece en varios poetas norteamericanos y sudamericanos, y ya apunta, por ejemplo, en *Fervor de Buenos Aires* de Borges. Notemos que mientras Pound y Eliot vuelven a Dante y a Petrarca, Borges y sus contemporáneos reniegan de la tradición clásica europea y se refugian en cambio en una tradición fuertemente local. Uno de los testimonios en este sentido es, precisamente, *Luna de Enfrente*.

***

La marca de Güiraldes: Luna de Enfrente

> La crítica consiste
> en el arte de
> descubrir los caminos
> secretos que van de poema a
> poema.
> Harry Bloom

La primera señal de la admiración de Borges por Güiraldes y de la marca de Güiraldes en Borges, es *Luna de Enfrente*, que aparece ya en 1925, un año apenas después del encuentro. En el prólogo de este libro dice Borges:

Al tal vez lector:

«Este es cartel de mi pobreza, compuesto no en pasión, en contemplación. Verás en él una calle larga de Urquiza y una esquina que es trágica en la tarde y la soledá de un amor que fue. Diálogo de muerte y de vida es nuestro cotidiano vivir, tan hecho de recuerdos (formas de haber sido y de no ser ya) o si no de proyectos: meras apetencias de ayer. Mucha no vida hay en nosotros, y el ajedrez, reuniones, conferencias, tareas, a veces son figuraciones de vida, maneras de estar muerto. Ensalce todo verseador los aspectos que se avengan bien con su yo, que no otra cosa es la poesía. Yo he celebrado los que conmigo se avienen, los que en mí son intensidá. Son las tapias celestes del suburbio y las plazitas (sic) con su fuentada de cielo. Es mi enterizo caudal pobre: aquí te lo doy.

Hoy no quisiera conversarte de técnica. La verdá es que no me interesa lo auditivo del verso y que me agradan todas las formas estróficas, siempre que no sean barulleras las rimas.» (En estas líneas se puede leer una alusión de Borges a Marechal en su polémica con Lugones en el *Martín Fierro*: mientras Lugones abogaba por la rima clásica, Marechal defendía el verso libre. Borges se coloca a prudente distancia de ambos contrincantes; acaso lo más sorprendente en este texto es su alegado desinterés por lo auditivo del verso, punto sobre el que discrepará ampliamente más tarde.)

«Muchas composiciones de este libro hay habladas en criollo; no en gauchesco ni arrabalero, sino en la heterogénea lengua vernácula de la charla porteña.» (Es necesario retener que, según esta primera definición, para Borges lo criollo es ante todo una tonalidad porteña.) «Otras asumen ese intemporal, eterno español (ni de Castilla ni del Plata) que los diccionarios registran. En dos figura el nombre de Carriego, siempre con sentido de numen tutelar de Palermo, que así lo siento yo. Pero otra sombra, más ponderosa de eternidad que la suya, gravita sobre el barrio: la de don Juan Manuel.»

Luna de Enfrente contiene algunos de los mejores poemas que haya escrito Borges: "El General Quiroga va en Coche al Muere", "La Promisión en Alta Mar", "Dualidá en una Despedida". También aparece en él, por primera y última vez en su poesía, un inusitado fervor criollista. Escuchemos:

Pampa:
Yo te oigo en las tenaces guitarras sentenciosas
y en los altos benteveos y en el ruido cansado
de los carros de pasto que vienen del verano.

Pampa:
Yo sé que te desgarran
surcos y callejones y el viento que te cambia.

Pampa sufrida y macha que ya estás en los cielos,
no sé si eres la muerte. Sé que estás en mi pecho.

Pampa:
Eres buena y de siempre como un Avemaría;
La llaneza de un patio colorado me basta
Para sentirte mía.

Esta es la primera vez que Borges canta a la pampa. La palabra aparece seis veces en los diecisiete poemas del breve libro -*Fervor de Buenos Aires*, en su versión final, tiene más de treinta.

Creo que no sería ninguna exageración de nuestra parte si dijéramos que el poema Pampa -y en particular esas dos líneas torpes e ingenuas: «Pampa sufrida y macha que ya está en los cielos / no sé si eres la muerte. Sé que estás en mi pecho»- pudieron haber sido firmadas por Güiraldes.

Es también la primera vez, por otra parte, que Borges habla de guitarras en su poesía; no habrá muchas más. Es la tenaz guitarra sentenciosa de su amigo Güiraldes la que ha llevado a este cantor nato de la ciudad y sus suburbios a invocar por primera vez a la pampa y su música, con una entonación desacostumbrada en él. Pero hay otros poemas que evocan la cercanía de Güiraldes en este libro, de los que podemos citar estos fragmentos:

Jactancia de quietud
....
Hablan de patria.
Mi patria es un latido de guitarra, unos retratos y una vieja espada,
la oración evidente del sauzal en los atardeceres.

Ellos son imprescindibles, únicos, merecedores del mañana.

Mi nombre es alguien y cualquiera.

Su verso es requerimiento de ajena admiración.

Yo solicito de mi verso que no me contradiga y es mucho.

Que no sea persistencia de hermosura, pero sí de certeza espiritual.

Yo solicito de mi verso que los caminos y la soledad lo atestigüen.

Gustosamente ociosa la fe paso bordeando mi vivir.

Paso con lentitud, como quien viene de tan lejos que no espera llegar.

A propósito de estas líneas es relevante citar una carta de Larbaud a Güiraldes, en octubre de 1924: «Me alegré mucho al saber que los jóvenes de Argentina empiezan a reconocer la obra de Ud., Ricardo». (Esta fraternal observación responde sin duda a las penosas confidencias de Güiraldes a Larbaud en cuanto a la previa ausencia de todo entusiasmo e interés de sus colegas -pares o mayores- por su obra.) «Puede ser este hecho el origen de un gran movimiento literario. No he tenido tiempo para leer detenidamente estos dos números de *Proa*; pero *Fervor de Buenos Aires* me ha gustado mucho, y se lo pido a Ud., Ricardo, transmitir mis felicitaciones al autor. Mi primera exclamación ha sido: Al fin se ponen a cantar la vida y las cosas de su tierra: ¡No más descripciones del Petit Trianon y de Venecia! Y en sus "Salmos" también hay cosas muy buenas. El último verso del primero es inolvidable. (Hay trazas de su influencia de Ud., Ricardo, en aquel poeta.)»

Aquí se refiere Larbaud a tres poemas de *Luna de Enfrente* que Borges había publicado por primera vez en el número inicial de *Proa*, bajo el título de "Salmos". (Así se titulaban también los poemas eróticos de Rafael Cansinos Assens, reunidos en *El Candelabro de los Siete Brazos*.) El primero de ellos es, precisamente, "Jactancia de Quietud", cuyo último verso dice: «Paso con lentitud, como quien viene de tan lejos que no espera llegar». Esta línea tiene, como bien dice Larbaud, una fuerte resonancia güiraldiana, sobre todo del Güiraldes cuyo paso por la India y el hinduismo ha sido algo más que una aventura de curiosidad turística. Aquí aparece el Güiraldes que reencontraremos en *El Sendero* y en los *Poemas Místicos*, con una mezcla de orgullo y desprendimiento, un tono espiritual aprendido o experimentado a la manera oriental y que muy bien puede haber sido sentido como una marca moral distintiva y preferida por el Borges joven y el Güiraldes maduro de aquellos años.

¿Pero quiénes eran los designados por el joven Borges, despectivo y acaso colérico, como «los que hablan de patria», «los imprescindibles, únicos, los merecedores del mañana»? No parece arriesgado sugerir que son los representantes de la vieja guardia nacional y nacionalista, los que detentaban en ese momento el mandarinato literario oficial en Buenos Aires: Rojas, Gálvez, Lugones. La fuerza de esta generación del Centenario, su consolidante retórica y su éxito indisputable en las letras del país, no podían dejar de ser intimidantes, aun para los jactanciosos jóvenes de *Proa*, embarcados, sin duda alguna, en la riesgosa tarea de suplantarlos. De allí también la prudente cautela de la última línea.

Notemos que a partir de: «su verso es requerimiento de ajena admiración», los renglones finales son suprimidos por un Borges más morigerado, en la versión que ofrecen la *Obras Completas*. Pero significativamente, el último, el que Larbaud asignaba a la influencia de Güiraldes -algo que probablemente Borges sabía- ha quedado.

Así como en el ultraísmo Borges había hecho sus primeras armas combatiendo el modernismo rubeniano, en *Luna de Enfrente* comienza de un modo velado pero eficaz otra batalla de tintes estéticos pero también -y acaso ante todo- de alcances políticos -y esto es una novedad en él-. En *El Tamaño de mi Esperanza* hará aún más explícitos y mordaces sus reparos contra el programa literario e ideológico de la retaguardia nacionalista. La estrategia de Borges es, por lo tanto, proclamar primero la muerte del rubenismo, al abrazar el ultraísmo; luego, encararse con los pares y discípulos de Rubén Darío en el país, cuyo representante máximo es Lugones.

El enfrentamiento es indirecto, en el sentido de que todo lo que hace Borges aquí es decir tácitamente: «Yo puedo hacerlo de modo muy distinto». Desplaza a sus adversarios, no mediante la denuncia, sino mediante el contraste, que se debe haber sentido muy fuertemente. Esto ocurre, en primer lugar, con la manera de cantar la patria de Borges, que es inédita y muy diferente de la de sus previos modelos. Escuchémoslo regresando en barco de Europa, cuando la primera señal de tierra se lee, no en historias o paisajes nacionales, sino en la aparición del cielo del hemisferio austral:

La Promisión en Alta Mar

No he recobrado tu cercanía, patria, pero ya tengo tus estrellas.

Lo más lejano del firmamento las dijo y ahora se pierden en su gracia los mástiles.

Se han desprendido de las altas cornisas como un asombro de palomas.

Vienen del patio donde el aljibe es una torre inversa entre dos cielos.

Vienen del creciente jardín cuya inquietud arriba al pie del muro como un agua sombría.

Vienen de un lacio atardecer de provincia, manso como un yuyal.

Son inmortales y vehementes; no ha de medir su eternidad ningún pueblo.

Ante su firmeza de luz todas las noches de los hombres se curvarán como hojas secas.

Son un claro país y de algún modo está mi tierra en su ámbito.

Se trata de una construcción fuertemente ternaria: a pesar de que no hay indicación estrófica gráfica, estamos claramente ante tres tercetos donde se repiten versos de nueve sílabas o bien de múltiplos de tres: seis o doce. También se repiten los encabezamientos: *vienen*, *son*. Este atenerse a una construcción regular con ligeros desvíos es típico de Borges. Es decir que, dentro de la regularidad que adopta, Borges ni es permanentemente uniforme ni se atiene a la pauta poética más frecuente, que apunta en español al endecasílabo -sobre todo en los tercetos- o al octosílabo.

Celebra Borges aquí la incomparable luminosidad del hemisferio austral. La aparente pobreza de estos lejanos confines se ve compensada por la esplendidez de su cielo- una comprobación realística, ya que la visibilidad estelar es mucho más notable al sur del ecuador. Pero al escribir este poema, Borges estaba celebrando al mismo tiempo su propio retorno, ya que percibía lúcidamente que su país, a pesar de su relativa marginalidad, ofrecería un campo de expansión a su palabra y a su imaginación poética que Europa difícilmente pudiera otorgarle.

Promisión, la palabra que encabeza el título, arcaísmo de principios del siglo XVII, es un latinismo aparente, que significa promesa, pero que también puede analizarse como pro-misión: Borges contempla las estrellas y se siente identificado con ellas; no sólo con su visión, sino con la misión que ellas representan para él. El poeta ha sido enviado para descifrar el mensaje de las estrellas y develar el punto de vista que, desde los cielos, asegura la legibilidad y la legitimidad de la historia y la geografía de su patria, que no invoca batallas o heroicos nombres famosos, sino patios, yuyales y aljibes.

Más que promisión hay aquí una profecía: en realidad, lo que las estrellas de su país prometen, anuncian y profetizan a Borges, no son la pasión, ni el amor, ni la gesta heroica, sino luz, firmeza, eternidad, claridad -atributos todos clásicos y, también, atributos que convendrán perfectamente a la trayectoria total de Borges, una vez despejadas las exageraciones barrocas y neo-criollistas de su juventud-. También prometen gloria, ya que el último terceto señala -orgullosa y homéricamente- que todas las noches de los hombres se curvarán ante la firmeza de su luz, y que nadie medirá su eternidad. El poeta transmuta jardines, yuyales y provincias en estrellas: ésa es su misión, y al cumplirla, el poeta dará gloria e inmortalidad a su patria a través de su propia luz, identificada con la invencible plenitud del hemisferio austral.

Borges se ve volviendo de Europa, veinteañero y algo jactancioso. La patria, invocada directamente por el poeta en la primera línea, es garantía de gloria para el poeta a través de la mirada de sus espléndidas estrellas, y la mirada del poeta es, a su vez, garantía de gloria para su patria: la promesa es mutua, la misión conjunta. El clasicismo y el helenismo evidente de este poema son de raigambre netamente borgesiana, en el sentido de que nada tienen que ver con el clasicismo o el helenismo impulsado por Lugones.

Tampoco Lugones incurriría en poemas de regularidad aproximativa, como éste, ni comulgaría con el humilde y terráqueo origen que Borges asigna a las estrellas. El tono, la perspectiva -con la preciosa paradoja borgesiana del aljibe convertido en torre- la retórica fuertemente controlada, son totalmente no-lugonianos o acaso antilugonianos. Embarcado definitivamente hacia Buenos Aires, el joven Jorge Luis Borges está tomando distancia con respecto a los procedimientos poéticos de Lugones y comenzando a reemplazarlo en el cielo de su patria. La promesa y la misión se cumplirán plenamente con el correr del tiempo: de algún modo, la poesía de Borges se inscribirá memorablemente en un ámbito extraordinariamente luminoso y desalojará progresivamente la de Lugones.

Acaso no sea una casualidad que la visión, emocionalmente genuina y físicamente real, que sustenta este poema -en mi opinión personal, uno de los más hermosos que haya escrito Borges- pudiera ser lograda sólo desde la perspectiva de un regreso de Europa. Tampoco parece un azar que en este poema, que bien puede ser considerado como una suerte de blasón, Borges se conmueva ante la aparición de su patria con una mirada imposiblemente más platónica: el punto de vista de Sirio. La lejanía, la claridad, la inmutabilidad y lo eterno están anunciados aquí con sorprendente fuerza, enunciados como lemas orientadores de su poesía y su trayectoria futura.

Borges no ha empezado a hablar todavía de sus compadritos; los versos que siguen celebran bucólicamente a sus antepasados señores del campo, los estancieros de su prosapia:

Dulcia Linquimus Arva

Su jornada fue clara como un río
y era fresca su tarde como el agua
oculta del aljibe
y las cuatro estaciones fueron para ellos
como los cuatro versos de la copla esperada.
Altos eran sus días
hechos de cielo y llano.
Sabiduría de campo afuera la suya
la de aquél que está firme en el caballo
y que rige a los hombres de la llanura
y los trabajos y los días
y las generaciones de los toros
Soy un pueblero y ya no sé de estas cosas
soy hombre de ciudad, de barro, de calle:
los tranvías lejanos me ayudan la tristeza
con esa queja larga que sueltan en la calle.

Esta es la definición lírica del paisaje y el espíritu dentro del cual Güiraldes sitúa a *Don Segundo Sombra*, ya comenzado en esa época, y al que dará conclusión un año más tarde. Cuando Borges escribe estas líneas, Don Segundo ya está firme en el caballo, mientras un joven poeta miope habla de tranvías y de orillas barrosas, en los límites de Buenos Aires con la pampa. Este es el poeta que también escribe los siguientes alejandrinos:

Versos de catorce

A mi ciudad que se abre clara como una pampa
yo volví de las tierras antiguas del naciente
y recobré sus casa y la luz de sus casas
y esa modesta luz que urgen los almacenes
y supe en las orillas del querer, que es de todos
y a punta de poniente desangré el pecho en salmos
y canté la aceptada costumbre de estar solo
y el retazo de pampa colorada de un patio.

Así como en la "Promisión en Alta Mar" Borges ve a la Argentina y su cielo como puede vérselos sólo volviendo desde Europa, en este poema ve a la pampa como sólo se la puede ver desde Buenos Aires, en las huellas de un patio porteño. En esta oblicuidad en la mirada va asomando ya un Borges que prefiere la distancia a la inmersión, el sesgo a la frontalidad. En el estilo general, es claro que este Borges difiere considerablemente de Güiraldes -que nunca, por otra parte, utilizó rimas o ritmos de este tipo-. Parece imposible negar, sin embargo, que la presencia de Güiraldes ha ido permeando estos poemas en la temática y en la intención estética del Borges de aquella época.

Ocupada y desvirtuada la ciudad, núcleo de la civilización, por la barbarie de «la universal chusma dolorosa que hay en los puertos» mencionada en el primer prólogo de *Fervor de Buenos Aires* -chusma hermana, a su vez, de la «plebe ultramarina de Lugones»- Borges se mueve a las orillas, donde anclará más tarde su mitología de cuchilleros. Es en los suburbios, efectivamente, donde persiste la ciudad de ayer, ajena a los inmigrantes, y donde además se le ofrece el contacto, a través de la frontera de la Pampa, con la literatura gauchesca, una gauchesca que representa lo auténticamente criollo, y que hay que reformular en los términos propios de la vanguardia.

De ese modo, la antigua barbarie, ennoblecida, en la perspectiva patricia, por la comparación con la vulgaridad de los gringos recién llegados, ofrece la ocasión de una nueva cultura, aquella donde centrar, si no la identidad de la nación, como querían los Centenaristas, sí, por lo menos, la identidad de una literatura en donde renacernos y rescatarnos de la retórica del modernismo. Desde el vamos, está claro que Borges está empeñado, no tanto en la definición de una nación, como en el dominio de una literatura nacional que sea al mismo tiempo tan cosmopolita como él mismo: en ese sentido, nadie negará que ha logrado su propósito.

***

Confluencia e influencia

Más allá de una evidente influencia de Güiraldes en Borges, pienso que se trata aquí también de una confluencia, una comunión feliz -y fugaz- de hombres jóvenes, fuertes en su amistad, mancomunados en el proyecto de conquistar un nuevo espacio de posibilidad de poesía en su país. Fundamentalmente, el fervor criollista de Borges no está atenuado aquí por ninguna ironía esteticista -como ocurrirá sin duda más tarde-. Es importante hacer la salvedad aquí: los únicos verdaderos criollistas de *Martín Fierro* fueron Güiraldes y Borges.

Güiraldes era ciertamente criollista desde los *Cuentos de Muerte y de Sangre* y de *El Cencerro de Cristal* -de modo que es claro que el criollismo de Borges se impostó posteriormente-. Tanto es así que Evar Méndez, en su importante texto de homenaje a Güiraldes que quedó inédito, dice que dentro de *Martín Fierro* la recepción de *Don Segundo Sombra*, aunque entusiasta, se veía atenuada por la fuerte opción criollista de la novela -reacción que también se hace explícita en la crítica, muy positiva, de Marechal.

Y es también interesante notar que los únicos criollistas de *Martín Fierro*, Güiraldes y Borges, eran también los únicos escritores que habían permanecido largo tiempo lejos del país, y para quienes el impacto de la primera guerra europea había sido una experiencia inmediata y devastadora.

Una semilla de criollismo propio, es cierto, había en el Borges que dirá en su *Autobiografía*, hablando de los años de la Primera Guerra Mundial, cuando era sólo un adolescente: «En el vasto y vacío anfiteatro de Verona yo he recitado con voz fuerte y audaz varios versos gauchescos de Ascasubi».

En Güiraldes, en cambio, el criollismo era más experiencia que literatura y se afianzaba en la vida de la estancia, el contacto con peones y reseros, el paisaje, los caballos. Pero en el criollismo de ambos hay algo del reconocimiento emocional a un regreso que ellos sintieron pacificante, reconciliador y enriquecedor, a una revaloración de realidades que sólo la distancia o la nostalgia pudieron hacer manifiestas.

Una vez visto este material, se impone una conclusión obvia, aun cuando no delineada todavía en la literatura crítica. En la conversión que va del Borges ultraísta recién venido de la tertulia del Pombo, el Borges de los barroquismos de *Fervor de Buenos Aires*, de los manifiestos antimodernistas, al Borges criollista de *Luna de Enfrente*, que muy pronto después se reafirmará en *El Tamaño de mi Esperanza*, hay algo así como un eslabón perdido en el trabajo de la crítica. ¿Qué fue lo que causó este salto que va del cultivo de la metáfora brillante, ingeniosa, insospechada, heredada de las tertulias madrileñas, a la atracción por un paisaje humilde como el de los arrabales? ¿Quién produce esta extraña conversión en el joven Borges, tan seguro de sí mismo y su destino, tan políglota y versado en literaturas universales, a la modesta magia de los suburbios donde la pampa asoma al final de las calles arrabaleras?

Descartados, desde ya, los representantes consabidos del nacionalismo. Descartados, por lo tanto, escritores como Lugones, Quesada, Gálvez y Rojas. (Sigo aquí el excelente libro del mejicano Olea Franco *El Otro Borges, el Primer Borges*.) De la aversión estética al primero por parte de Borges ya atestiguaremos más adelante. Los últimos están muy lejos del registro personal de Borges para alcanzarlo con su influencia. De Manuel Gálvez dice Borges displicentemente en *El Tamaño de mi Esperanza*: «*La Historia de Arrabal* por Manuel Gálvezes una paráfrasis de la letra de cualquier tango, muy prosificada y deshecha».

Entre *Luna de Enfrente* y *Fervor de Buenos Aires*, donde la pampa no aparece mencionada, median sólo dos años. Pero es precisamente en este intervalo cuando aparece Güiraldes en la vida de Borges -en la vida literaria y en la vida *tout court*-. Aparece Güiraldes con su guitarra y su encanto personal, pero también aparece el Güiraldes que en París está siendo saludado, en revistas de prestigio, como capitán del grupo de jóvenes renovadores de la escritura nacional. Son estos dos aspectos de Güiraldes los que imantan a Borges y a través de ellos parece ocurrir esta adscripción súbita de su parte al programa de Valéry Larbaud: decir estéticamente a la pampa.

Por descarte nos vamos acercando a la respuesta natural: el eslabón perdido es precisamente Güiraldes, el magnetismo de este escritor, la intimidad con un hombre abierto y fascinante cuya mesa compartía todos los jueves Borges, en compañía de Adelina -como luego lo hará con Adolfo Bioy Casares y Silvina Ocampo, en otra etapa de su vida-. Borges llegaba por aquel entonces a la tarde al departamento de los Güiraldes en la calle Solís, cerca del Congreso, y solía retirarse a la madrugada. Con sus compañeros de *Proa*, Borges visita La Porteña, la estancia de los Güiraldes, así llamada como homenaje a la primera locomotora argentina: acaso ésta haya sido para él una ocasión privilegiada de vislumbrar la carga emocional del paisaje que fascinaba a su amigo mayor. Acaso sea con Güiraldes que haya aprendido Borges a bailar el tango, como sugiere María Esther Vázquez en su biografía.

Lo que es seguro es que son los Güiraldes quienes le presentarán a Victoria Ocampo, una presencia y un contacto imprescindible, junto con *Sur*, para el definitivo lanzamiento internacional de Borges, años más tarde.

Recordemos que Güiraldes no sólo tenía en común con él la experiencia de una prolongada aventura europea; se proponía asimismo una renovación de la literatura argentina que de algún modo sería también una suerte de revolución personal para él mismo, intento que también era el de Borges.

El mandato de Valéry Larbaud: decir la pampa estéticamente, no cae en terreno infecundo en Güiraldes -pero a través de su ejemplo, se vuelve también una tentación irresistible para el mismo Borges. Por sorprendente que pueda parecernos acercamos así a una conclusión insoslayable: *Luna de Enfrente* es el testimonio y el fruto de la amistad y la innegable atracción intelectual del primer Borges por Güiraldes.

Esta influencia no es por cierto descubrimiento nuestro. Ya hemos hablado de las interesantes acotaciones de Valéry Larbaud en su carta a Güiraldes, donde el escritor francés detecta su influencia sobre Borges en Los "Salmos" publicados por éste en *Proa*. Aun más interesante y explícito es el juicio del lúcido y olvidado Sergio Piñero en las páginas del *Martín Fierro*, en una crítica referente a *Inquisiciones*, publicada en el número previo al que señala la aparición de *Don Segundo Sombra* y *El Tamaño de mi Esperanza*. Luego de señalar sin retaceos la excelencia crítica del libro, dice Piñero:

«Personalmente, Borges ha deslizado para mí un defecto, sin importancia casi, en esta recopilación de artículos publicados en varias revistas nuestras y extranjeras: su criollismo. Creo que no es necesario referirse al lazo, al rodeo, ni a los potros para ser y manifestar alma de gaucho. En Borges esto es lejano. Casi me atrevo a asegurar que constituye en su vida un recuerdo heredado. Luego, dice de memoria. Noto algo artificial imaginativamente en el criollismo del poeta. Lo admiro en «la calle de la tarde» mas cuando toma el lazo paréceme se enredara en él. Me impresiona una cierta influencia de nuestro precursor y estimado Güiraldes.

En Borges no lo apruebo por el carácter especial de su temperamento y estética.» Notemos que lo que Piñero presupone es que aquello que es artificial en Borges es natural en Güiraldes.

En dos puntos esta crítica dejará profunda huella en Borges. El primero es el germen de su denuncia al pintoresquismo, que desemboca en su clásico "El Escritor Argentino y la Tradición", donde desarrolla brillantemente los mismos conceptos que Piñero había adelantado en cuanto a la falsedad que traiciona el excesivo uso del color local. Acaso una muestra del fuerte impacto que esta crítica pudo haber representado para él es la dedicatoria de Borges a Sergio Piñero que encabeza la "Leyenda Policial", aparecida en el número 38 de Martín Fierro, y que luego se convertirá, a través de sucesivas versiones, en el célebre "Hombre de la Esquina Rosada".

Siguiendo al parecer la sugerencia de Piñero, ese relato consiste fundamentalmente en lenguaje criollo sostenido por metáforas apretadas, un texto intenso sin potros ni sabor local, salvo una frase penúltima: «Murió de pura patria; las guitarras varonas del bajo se alborozaron». (La frase ha sido suprimida, naturalmente, en la versión definitiva.)

El segundo punto encubre acaso una lastimadura demasiado sensible para ser revelada: el más independiente y original de los jóvenes escritores argentinos ha asimilado irreflexivamente la influencia de Güiraldes, una influencia que no estaba de acuerdo, como lo dice derechamente y sagazmante Piñero, ni con su estética ni con su temperamento -aunque sí, por cierto, con su profunda amistad.

Borges jamás mencionará esta crítica -ni tampoco, salvo raras ocasiones, a Piñero-. Podemos imaginar sin embargo que en el fondo de su corazón algo ha dicho irreversiblemente, irreparablemente: «*Touché*».

***

Entre la admiración y la autocensura

Borges no ha de mantener el tono ni la temática de *Luna de Enfrente* por mucho tiempo, pero la alegría con que Güiraldes festeja la aparición de este libro no deja lugar a dudas sobre el común entusiasmo que en ese momento los habita. Había hecho suya, como divisa, la frase de St. John-Perse: «*Je parle dans l' estime*» y, negándose a críticas destructivas, repartía su estima por doquier, abriendo camino a los más jóvenes. Como lo recuerda Macedonio Fernández en su "Hechizada Memoria de Güiraldes", «él era maestro en el arte y prolijidad de hacer a cada uno más seguro y satisfecho de sí mismo». En el caso de Borges la admiración se articula, con entusiasmo excepcional, en letras de molde, en una carta a Borges publicada póstumamente en *Síntesis*, 1928.

«La *Luna de Enfrente* (1925) y las calles de los suburbios esperaban que el poeta les hiciera la gracia de un alma. (...) Y me dan ganas de decir al primer hombre que encuentro: ¿Sabe, señor, Ud., que va alma abajo hacia la muerte? Hemos tenido todos la felicidad de que Jorge Luis escribiera un gran libro. (...) La *Luna de Enfrente* es un libro escrito y leído con lágrimas en los ojos. Cuando Larbaud me escribió su primera carta, le dije: «Ud. me ha dado la alternativa». Si tuviese yo alguna autoridad, se la daría a Ud. ahora y al hacerle entrega de la espada con que se mata al toro barroso del hastío, que hay en las cosas no cantadas, el «fierro» se ampliaría por la virtud de mi admiración.»

Releemos: «Cuando Larbaud me escribió su primera carta le dije: Ud. me ha dado la alternativa». Güiraldes se refiere sin duda al penoso momento que atravesó luego del fracaso de *El Cencerro de Cristal* y *los Cuentos de Muerte y de Sangre*; pensará también en la relativa indiferencia con que la crítica dejó ir a *Raucho* y a *Rosaura*. No era extraño que en esa oportunidad Güiraldes experimentara dudas en cuanto a proseguir su carrera literaria.

El espontáneo interés de Valéry Larbaud por su obra, su curiosa y certera intuición de que detrás de estos fracasos existía potencialmente alguien capaz de una obra mayor, representaron el espaldarazo que Güiraldes necesitaba para reanudar su trabajo de escritor -es decir, la alternativa positiva en esta severa disyuntiva que su destino le ofrecía.

Es interesante ver que lo que más festeja Güiraldes en su joven camarada de armas es la vitalidad y la juventud que transmite su libro: «Lo más auténtico de mi individualidad poética, respira placer en sus estrofas y es como una salud que me entra en el pecho y me sugiere una inesperada voluntad de alas con que equilibrar el gozo que me ataca de frente.

Ud. es un joven gran poeta y sólo curará de lo primero (el ser joven) aprendiendo el vivir de ir teniendo menos que vivir. En cuanto a lo restante -el ser gran poeta- no le veo remedio, y lo seguirá siendo conforme lo ha sido, así, de golpe, por el solo hecho de ser. En algunas estrofas me dan ganas de apuntar el dedo: ¡Cómo es aquí! ¡Qué manera de ser! ¿No creerá Ud., Georgie, que se es más o menos?

¿Cree Ud. en la existencia como virtud de valor fijo? Yo no. Pedro Miguel, por ejemplo, es un poquito. Ud. es mucho. Una escopeta existe más positivamente que un rifle. Los que son más van por su propia fuerza más vida adentro o vida arriba, si quiere. Tomando la muerte por punto muerto (¿se puede decir?) o por cero vital, se me antoja que muchas personas están recubierta por pequeños velos de muerte. ¡Qué bien se desembaraza Ud. de esos estorbos!» – Ricardo Güiraldes.

Por su parte, Borges -y Güiraldes sin duda lo sabía- no parece haber dudado nunca de su propio talento literario, a pesar de su proverbial apariencia de modestia. El Borges veinteañero que desembarca de Europa está lleno de ínfulas literarias y aspira no sólo a poetizar su ciudad sino a capitanear el mundo poético de Buenos Aires, donde pisará fuerte en *Martín Fierro*, *Prisma* y *Proa*, redactará el manifiesto del ultraísmo en *Nosotros* y se insolentará con Lugones en *Valoraciones*.

Es presintiendo esta implícita suficiencia, acaso, que Güiraldes prudentemente acota: «Si tuviese yo alguna autoridad, se la daría a Ud.».

Ambos se han adentrado en Buenos Aires a desafiar al barroso Minotauro del hastío, ese hastío de las cosas no cantadas que menciona Güiraldes, la indiferencia y el mercantilismo porteño, aquella sensibilidad paquidérmica de hipopótamo que denunciaba Girondo en la proclama martinfierrista inicial.

Ambos comulgarían en el programa del criollismo, pero mientras Güiraldes muere representándolo oficialmente, y de algún modo capturado dentro de su mitología, para Borges este período será sólo un pasaje olvidable.

Aun cuando, por fortuna, no se atrevió a retirar *Luna de Enfrente* de circulación, Borges renegaría más tarde parcialmente de este libro, como puede verse ya en "El Escritor Argentino y la Tradición":

«Durante muchos años, en obras ahora felizmente olvidadas *(Luna de Enfrente, Evaristo Carriego* y otras muchas), yo traté de rescatar la sensación, el sabor de los barrios extremos de Buenos Aires; naturalmente, abundé en palabras locales, no prescindí de palabras como cuchilleros, milonga, tapia y otras y escribí así aquellos olvidables libros.»

La preferencia de Borges por *Fervor de Buenos Aires* es evidente, como lo señala en su *Autobiografía*: «Me temo que el libro era un «plum pudding»: había demasiadas cosas metidas adentro. Y sin embargo, mirando hacia atrás, pienso que nunca me he alejado mucho de ese libro; siento que todos mis otros trabajos sólo han sido desarrollos de los temas que en él toqué por primera vez; siento que toda mi vida ha transcurrido volviendo a escribir ese único libro». En cambio sanciona, en el mismo texto: «De los poemas de ese tiempo, quizá también debería haber suprimido el segundo volumen, *Luna de Enfrente*». Y también se ensaña contra su propio pasaje por el criollismo en su Prólogo a *Luna de Enfrente*, incluido en *las Obras Completas* (1969):

«...Olvidadizo de que ya lo era, quise también ser argentino. Incurrí en la arriesgada adquisición de uno o dos diccionarios de argentinismos, que me suministraron palabra que hoy puedo apenas descifrar: madrejón, espadaña, estaca pampa... La ciudad de *Fervor de Buenos Aires* no deja nunca de ser íntima; la de este volumen tiene algo de ostentoso y público. No quiero ser injusto con él. Una que otra composición -"El General Quiroga va en coche al muere"- posee acaso toda la vistosa belleza de una calcomanía; otras - "Manuscrito hallado en un libro de Joseph Conrad"- no deshonran, me permito afirmar, a quien las compuso. El hecho es que las siento ajenas. No me conciernen sus errores ni sus eventuales virtudes. Poco he modificado este libro. Ahora, ya no es mío.»

En su *Autobiografía*, Borges no se muestra más misericordioso: «Es una especie de fingido tumulto de color local», dice hablando *de Luna de Enfrente*. Creo innecesario comentar esta displiscente autocensura con que Borges fustiga su propia juventud y desecha -a mi humilde juicio- algunos de los mejores poemas que escribió en toda su vida. La crítica literaria, excesivamente sumisa ante el supremo árbitro, mimetizó estos juicios, y fue dejando en el olvido este libro pleno de inminencias y consecuencias.

También es interesante notar que la autocrítica de Borges marcó e intimidó tanto a la crítica posterior, que *Luna de Enfrente* ha sido interpretada la mayor parte de las veces como una posdata desvaída de *Fervor de Buenos Aires*, y toda esta primera etapa de la poética de Borges se ha visto compendiada bajo el rubro equívoco del ultraísmo. En realidad, Borges se había distanciado rápidamente del ultraísmo, como lo indica su acerba crítica a González Lanuza («pobre de intento personal»); ya en *Inquisiciones* está hablando del ultraísmo en tiempo pasado. Más tarde hablará de la «equivocación ultraísta».

Notemos que para el momento en que Borges publica *Luna de Enfrente* ya es un escritor semiconsagrado, a pesar de su juventud, gracias a *Fervor de Buenos Aires*. Norah Lange, en *Martín Fierro* 40, abril del '27, no trepidará en saludarlo como el mejor poeta joven de Buenos Aires, mientras que Luis Emilio Soto, en *Proa*, agosto del '24, subraya su absoluta originalidad, en el sentido de no ceñirse a una representación realista del paisaje urbano. Naturalmente, éstos son elogios venidos de la casa de los amigos, pero también Enrique Diez Canedo, en *España* 413, 1924, señala la importancia de *Fervor de Buenos Aires*, y Ramón Gómez de la Serna lo ha saludado como maestro en *Revista de Occidente*, abril-junio de 1924, con un saludo en el que «se saca el sombrero hasta los pies».

El territorio estaba preparado, por lo tanto, para un nuevo éxito, y en su momento, la recepción local de *Luna de Enfrente* fue aún más entusiasta que la de *Fervor de Buenos Aires*. El impacto del libro en *Martín Fierro* no deja lugar a dudas. En diciembre de 1925, Marechal publica en sus páginas un elogio a *Luna de Enfrente* que es una verdadera salva de artillería: «libro de mi entusiasmo», «quiero decir su elogio, forma de gratitud a Borges, por el magnífico regalo de belleza que nos hace», «el mejor argumento contra las viejas teorías de Lugones».

Numerosas citas acompañan el texto -en particular las del muy hermoso poema a Cansinos Assens, misteriosamente desaparecido en las versiones posteriores el libro- y las de «Dualidá en una despedida». Subraya Marechal «el aspecto más interesante y promisor en Borges: un criollismo nuevo y personal, un modo de sentir que ya estaba en nosotros y que nadie había tratado». «La criolledad de Borges no es un chauvinismo detonante ni una actitud decorativa.» «Alza su fuerte voz de hombre que sabe del pasado y del porvenir.»

En el mismo número, se exhiben fotos del almuerzo ofrecido por *Martín Fierro* a Borges por *Luna de Enfrente*, así como a Sergio Piñero, que parte para representar a *Martín Fierro* en Europa. No vemos a Güiraldes, pero sí a Delia del Carril. Borges agradece con estos versos -cito las dos última estrofas:

Les agradezco en nombre de los ponientes machos
Color baraja criolla que he versiado en Urquiza
Les agradezco en nombre de la luz de mi patria
Y de mis almacenes color pollera 'e china.

¿Quién pensó que los criollos iban derecho al muere
En la ciudad bendita de Rosas y el Peludo?
Digámosle al destino mucho verso ferviente.
Respiren, compañeros, se me acabó el discurso.

Una importante salvedad que hay que marcar aquí es que el éxito inhabitual de *Luna de Enfrente* y el aún mucho mayor de *Don Segundo Sombra* han inclinado a algunos críticos a visualizar la tentativa de *Martín Fierro* como una empresa donde lo cosmopolita vanguardista se aliaba a lo criollista. Quizá el mismo título de la revista llevaba a este malentendido -pero la elección del título no significaba adhesión a un programa criollista sino ante todo un conveniente distanciamiento de los escritores de Boedo, que simpatizaban con la apertura cultural a los inmigrantes.

***

El Tamaño de mi Esperanza: *Canon y Excomunión*

Fue memorioso nentor
de un malevo y una tarde
Y tuvo la valentía
de confesarse cobarde

De joven toreó a Lugones
pero lo acató, a los años,
y le alabó la maestría
de algunos cuentos extraños.

León Benarós, *Milonga para Borges.*

No hay duda de que Borges renegó fervientemente *de El Tamaño de mi Esperanza*, aun más que de *Luna de Enfrente*. Se cuenta de él que una vez que visitó Harvard y algún bibliotecario excesivamente oficioso le mostró un ejemplar de la edición que había escapado al autosecuestro del autor, él pidió verlo y rápidamente escribió en la primera página este curioso y revelador epígrafe: «I am ashamed of this book»: «Me avergüenza este libro» (Olea Franco, 1997, p. 241, nota 15).

Ya en su versión primera Borges había añadido una posdata semiarrapentida: «Confieso que este libro es una de citas: haraganerías del pensamiento; de metáforas; mentideros de la emoción; de incredulidades; haraganerías de la esperanza. Para dejar de leerlo, no es obligación agenciárselo; basta haberlo ido salteando en las hojas de *La Prensa*, *Nosotros*, *Valoraciones*, *Inicial*, *Proa*. J.L.B.».

En su *Autobiografía*, al referirse a la década del veinte, Borges la define como de gran actividad «quizá temeraria y hasta insensata. Esta productividad me asombra hoy, así como el hecho de que siento sólo una remota relación con la obra de aquellos años. De tres de las cuatro colecciones de ensayos -cuyo nombre será mejor olvidar- nunca permití la reedición. En realidad, cuando en 1953 mi actual editor, Emecé, me propuso publicar mis *Obras Completas*, el único motivo por el cual acepté fue que así me permitió suprimir esos volúmenes absurdos». Y en el mismo sentido lo cita en su biografía Vaccaro: «Resumiendo este período de mi vida, encuentro que siento poca simpatía por el pedante y dogmático hombre joven que fui» *(Memorias de Borges*, XII-XIV, 358).

Pero acaso el testimonio donde más claramente puedan verse las causales de este auto-rechazo es un texto poco citado, referido a esta etapa, que extraemos de E. Rodríguez Monegal (*Ficcionario*, p. 334), y relativo, más puntualmente, a la segunda edición de *Evaristo Carriego* en 1955, fecha en la que Borges había podido reflexionar suficientemente acerca de los estragos nacionalistas: «En 1926 yo daba en atribuir a los italianos la degeneración de los tangos. En aquel mito o fantasía de un tango criollo maleado por los «gringos» veo un claro síntoma ahora, de ciertas herejías nacionalistas que han asolado al mundo después -a impulso de los gringos, naturalmente-. No los gringos, ni el bandoneón sino la República entera son culpables de la degradación del tango». Este nacionalismo culpable será acaso la causa detonadora de la autocensura de Borges con respecto a su etapa neocriollista, y del retiro de sus libros emparentados con esta fase de su escritura.

Cualquiera haya sido el motivo para su reedición, *El Tamaño de mi Esperanza* se justifica plenamente en su reaparición como un testimonio que no sólo agrega algo fundamental a la escritura de Borges, sino que revela su visión de la literatura argentina de esa época de un modo crucial.

Es también el testimonio indiscutible e irreemplazable, el único que nos queda, de esa suerte de pasión porteña que fue la amistad entre Borges y Güiraldes. El que las reseñas hayan sido poco elocuentes o lúcidas al respecto de esta reedición no significa, a mi modo de ver, nada más que las limitaciones de una crítica que pretende ser más Borges que Borges, sin internarse en los motivos más profundos de una autocensura que elimina tramos fundamentales en un camino mucho más vacilante -e interesante- de lo que generalmente se imagina.

* * *

El escritor chileno Farías, en *La metafísica del arrabal*, señala que Borges rechazó en su madurez al joven que fue porque éste escribió apegado a la vida concreta que lo rodeaba, y expuesto a las emociones que lo cercaban. Más tarde, Borges habría negado esta etapa intentando una nueva que la superara, donde practicaría «la sustitución de la realidad, el mundo, del sujeto y de la historia por el texto...». Farías señala la necesidad de examinar su obra total, «aquella que aceptó y la que hizo desaparecer y cuya difusión prohibió agresivamente...».

Umberto Eco, señala Farías, dibuja, en *El nombre de la rosa*, la figura del bibliotecario ciego que en el convento medieval italiano ha decidido esconder a cualquier precio (inclusive asesinatos sucesivos y encadenados),. un libro venenoso y herético escrito por Aristóteles porque, según el monje, sugestivamente llamado Jorge de Burgos, su conocimiento pondría en peligro todo el sistema de valores imperante. Al crear esta parábola, sin saberlo, Eco traspone la realidad del Borges maduro ocultando la obra del Borges joven, en un libro jovial y escandaloso -«un hermoso proyecto de modernidad y humanidad». Farías concluye, acaso demasiado enfáticamente: «En la catacumba de Borges, padre también él de una postmodernidad nacida de la negación y de la tristeza, se encuentra escondido el cadáver iluminado de una modernidad que espera, anuncia y exige su renovación. Borges creó y destruyó al antiBorges que debe devolvernos al Borges que todos necesitamos y que nos hace progresar hasta el punto de partida.» (9)

Farías considera que Borges, al intentar prohibir sus primeros libros, quiso borrar una parte preciosa de su primera imagen, cuando defendía con vehemencia ciertos principios de profundo carácter humanista e ilustrado, sin renunciar por ello a su horizonte nacionalista y criollista más radical. A esta fase, ulteriormente superada y negada, siguió la internacionalización universalista extrema. *El Tamaño de mi Esperanza* sería, dentro de esta perspectiva, una catedral sumergida (p. 14).

***

Sin compartir totalmente el entusiasmo algo oceánico de Farías, parece importante recorrer, según su consejo, las llamativas circunvoluciones de este libro, para decidir el balance de sus errores y sus aciertos y desentrañar así la justicia o la injusticia del secuestro practicado por Borges.

Por de pronto, el texto (cuyo título acaso es sorna del olvidado libro de Lugones, cinco años antes: *El Tamaño del Espacio*) se compone de artículos publicados en diversas revistas de la época, que más que una unidad temática señalan una fuerte y original personalidad crítica. Por lo demás, el libro continúa brillantemente la senda iniciada en *Inquisiciones*, donde Larbaud había visto claramente diseñarse la estética propia de Borges, la del fragmentarismo, puesta en relieve por la crítica contemporánea.

Como dice Graciela Montaldo en su excelente ensayo "Borges: Una Vanguardia Criolla", «la ruptura que suponen estas prosas no pasa únicamente por el carácter misceláneo y poco tradicional de la composición de los textos sino también porque se colocan en contra de todo lo que puede ser discurso crítico o ensayístico del momento: en primer lugar, frente a la monumentalidad de la obra de Ricardo *Rojas (Historia de la Literatura Argentina)*, las prosas son fragmentarias y no acumulativas, arbitrarias en su ordenamiento de la historia y de la cultura, e implican una nueva forma de leer la tradición cultural. (...) Borges practicó una historia que careció de historicidad y que se opuso o salió al cruce del modelo oficial de Rojas, cuestionando seriamente los presupuestos nacionalistas».

Que Borges haya salido al encuentro de Rojas con este texto es más que evidente; que haya cuestionado los presupuestos nacionalistas, es cierto sólo si se acota también que Borges se enfrenta al nacionalismo del Centenario para postular un tipo distinto de nacionalismo -algo así como un nacionalismo ilustrado, mezcla de populismo y xenofobia, un desvío fugaz pero intenso, que la crítica universitaria (Montaldo, Sarlo, Panesi) ha soslayado frecuentemente-. Escuchemos algunas inflexiones previas en *Inquisiciones*:

«Ya la República se nos extranjeriza, se pierde. Fracasa el criollo, pero se altiva y se insolenta la patria. En el viento hay banderas; tal vez mañana a fuerza de matanzas nos entrometeremos a civilizadores del continente. Seremos una fuerte nación. Por la virtud de esa proceridad militar, nuestros grandes varones serán claros ante los ojos del mundo. Se les inventará, si no existen.» (p. 145). Parece inevitable la vinculación de este discurso con la previa y desafortunada invocación de Lugones en Ayacucho: «Ha sonado otra vez, para el bien del mundo, la hora de la espada».

***

Antes de entrar concretamente en este tema, conviene considerar el estilo general del libro. Por de pronto, *El Tamaño de mi Esperanza* atestigua abundantemente la indudable juventud de Borges: hay fanfarronerías que cualquiera hubiera suprimido en etapas posteriores, como la alevosa representación de Lugones, utilizando las citas más desfavorables del *Romancero*, que analizaremos más adelante. También ciertas grafías son caprichosas: libertá por libertad. Y además una seguridad de Borges en sí mismo que con los años no dejaría de esconderse más pudorosa y precavidamente; así, en el curso de una breve reseña sobre el estado de la literatura argentina de su tiempo, Borges se autorretrata de esta manera: «Después vine yo (mientras yo viva, no me faltará quien me alabe) y dije antes que nadie, no los destinos sino el paisaje de las afueras» (p. 24).

Pero aparte de estos perdonables desplantes juveniles, en su totalidad el libro se sostiene perfecto en sí mismo, con su variedad de temas líricos y críticos, su evidente audacia, su indiscutible y fresca originalidad. No cabe duda de que son pruritos ideológicos y no estilísticos los que lo borran de las *Obras Completas* de Borges: en él ya hay un escritor hecho y derecho, con más de un título de excelencia entre sus pares o sobre ellos. Borges ya aparece aquí, pese a su juventud, de cuerpo entero y en plena posesión de los instrumentos que harían luego célebre a su escritura. Estilo lacónico, frases que pueden ser certeras puñaladas o tajos de luz, imágenes felices, ironías tan devastadoras como sutiles y sobre todo el tono Borges, ese tono inconfundible, retenido, reflexivo, con un mínimo de jactancia soterrada, mezcla de astucia y de rigor, de conversación inteligente y feliz en donde los matices dicen más que las palabras y los adjetivos más que las oraciones.

***

Borges comienza este libro -que representa el ápice de su etapa criollista; como lo dice Pastormerlo, «la más afiebrada efusión de nacionalismo borgiano» (p. 181)- con una invocación que muestra su decidida voluntad de acotar firmemente las influencias europeas que lo habían acompañado hasta entonces: «...A los criollos les quiero hablar, a los hombres que en esta tierra se sienten vivir y morir, no a los que creen que el sol y la luna están en Europa». Aquí se expresa ya la auténtica convicción de que la pobreza de nuestra literatura tiene como contracanto la ventaja de nuestra libertad -como lo dirá más tarde, taxativa y espléndidamente-: «la modestia de nuestra tradición nos obliga a ser menos provincianos que los europeos».

Se despliega con mayor firmeza, en este ensayo, la línea propuesta previamente en *Inquisiciones*, donde Borges había dicho: «Europa nos ha dado sus clásicos, que asimismo son de nosotros. Grandioso y manirroto es el don: no sé si podemos pedirle más. Creo que nuestros poetas no deben acallar la esencia de anhelar de su alma y la dolorida y gustosísima tierra criolla donde discurren sus días. Creo que deberían nuestros versos tener sabor de patria, como guitarra que sabe a soledades y a campo y a poniente detrás de un trebolar».

Dice Borges (p. 13) que ya «como una corazonada a Whitman» decía Emerson en el 44 que América era un poema: «su ancha geografía deslumbra la imaginación y con el tiempo no han de faltarle versos». Estas líneas parecen dar una respuesta o confirmación implícita a la misión que Larbaud había encomendado a Güiraldes, apuntando al tema de la autonomía literaria americana frente a Europa, y a la necesidad de encarar historia y paisaje propios.

«Ya Buenos Aires más que una ciudá, es un país y hay que encontrarle la poesía y la música y la pintura y la religión y la metafísica que con su grandeza se avienen», dice Borges (p. 14).

La tarea es tanto más necesaria cuanto más grave es la carencia que nos aqueja en este sentido. Borges se muestra severo para con nuestra historia: «No se ha engendrado en estas tierra ni un místico, ni un metafísico ¡ni un sentidor ni entendedor de la vida!» (pp. 7-8). «No hay leyendas en nuestra tierra y ni un solo fantasma camina por nuestras calles. Ese es nuestro baldón» (p. 8) «...nuestra realidad vital es grandiosa y nuestra realidad pensada es mendiga. Aquí no se ha engendrado ninguna idea que se parezca a mi Buenos Aires». «Nuestro mayor varón sigue siendo don Juan Manuel: gran ejemplar de la fortaleza del individuo, gran certidumbre de saberse vivir, pero incapaz de erigir algo espiritual, y tiranizado al fin más que nadie por su tiranía y oficinismo. En cuanto al general San Martín, ya es un general de neblina para nosotros, con charretera y entorchados de niebla. Entre los hombres que andan por mi Buenos Aires hay uno solo que está privilegiado por la leyenda y que va en ella como en un coche cerrado; ese hombre es Irigoyen.» (p. 13)

Hay que articular culturalmente la vida concreta y familiar, en vez de superar la barbarie que denunciaba Sarmiento, contra el cual Borges no ahorra los dardos: «norteamericanizado indio bravo, gran odiador y desentendedor de lo criollo, nos europeizó con su fe de hombre recién venido a la cultura y que espera milagros de ella». «El progresismo es una empresa de americanización o europeización que nos desentiende.»

Como dice Farías, la tensión del proyecto de Borges consiste en arrancar de lo cotidiano, como Carriego, pero querer para sí la alegre valentía de los héroes (p. 55). Porque Borges, con todo, no quiere limitarse a un criollismo costumbrista, sino postular uno «conversador de Dios y de la muerte». «Este es el tamaño de mi esperanza, que a todos nos exige ser dioses.» Borges sacraliza en este libro a la pampa y al arrabal, su reflejo.

Del arrabal canta «la dulzura generosa». Y *pampa*, nos dice, es palabra infinita que es como un sonido y su eco -palabra de origen quichua cuya equivalencia primitiva es la de la llanura y que parece silabeada por el pampero. Palabra de lejanía.

En la nota sobre *La tierra cárdena*, Borges aplaude a Hudson porque éste ve en el criollo «la llaneza, el impulso, la decisión radical por la vida suelta

y arisca sin estiramiento ni fórmulas, que no otra cosa es la mentada barbarie...» (*Don Segundo Sombra* no es otra cosa que la corporización de esta imagen). Y aboga por la traducción de *La tierra cárdena*, libro que debería
ser restituido «al purísimo criollo en que fue pensado». Critica Borges por eso a
Hernández en la segunda parte del *Martín Fierro*, donde el gaucho se
institucionaliza y sarmentiza: «Debe el gaucho tener casa/ escuela, iglesia y
derechos». La política para Hudson, según Borges, que seguramente se identifi-
ca con esta opinión, es «la intromisión de la ciudad en la vida rural».

Desde el punto de vista literario del momento, las elecciones de Borges
son claras -y así nos lo dice en las primeras páginas *de El Tamaño de mi
Esperanza*: «...me queda el cuarto de siglo que va del novecientos al novecientos veinticinco y juzgo sinceramente que no deben faltar allí los tres nombres de Evaristo Carriego, Macedonio Fernández y Ricardo Güiraldes.

Otros nombres dice la fama, pero yo no le creo. Groussac, Lugones, Ingenie-
ros, Enrique Banchs son gente de una época, no de una estirpe».

Dos cosas deben notarse en este párrafo: primero, que los tres nombres
adelantados audazmente por Borges son nombres de escritores marginales
en cuanto a sus modos de producción o su prestigio: Evaristo Carriego es un
humilde escritor de barrio; Macedonio Fernández vive de pensión en pensión y es sabido que uno de sus más bellos poemas de entre los dedicados a
Elena Bellamuerte, fue encontrado por un amigo de él, muchos años después de su desaparición, en una caja de galletitas vacía. Por su parte, Güiraldes
había sido vehementemente ridiculizado por la crítica con motivo de *El
Cencerro de Cristal* o bien ignorado en su producción posterior. Naturalmente,
son la audacia de Borges y su arrogancia juvenil las que lo llevan a relegar a
Lugones o a Banchs -para atenernos a los poetas- como hombres de una
especie y no de una estirpe; con los años, como veremos, Borges revisará
esos juicios y propondrá un balance estético considerablemente distinto.

Es notable la eficacia profética de Borges, a los veintiséis años, como
crítico de su generación: de los tres autores que selecciona, todos han
permanecido. Borges rompe con los valores establecidos para imponer otros
ignorados e inesperados; si hay o puede haber una provocación irónica en
este gesto, su desparpajo no resulta menos admirable. Acaso el más actual de
sus predilectos entre nosotros sea Macedonio Fernández, y también es claro
que Güiraldes alcanzó su fama por cuenta propia -pero lo interesante es que

ninguno de ellos ha desaparecido de la consideración crítica-. Quizá lo más relevante en esta tríada sea la omisión de Girondo, el único que podía realmente rivalizar con Borges como poeta innovador.

Bloom dice que la lectura desviada es una manera de crear una cierta discontinuidad en la continuidad y de apropiarse, desplazándolos, de los contenidos poéticos de un precursor. Al nombrar precursores a Güiraldes, Carriego y Macedonio Fernández, Borges toma efectivamente del primero la «criolledá», del segundo -des-sentimentalizándolo- el pudor, una modestia natural que lo distancia de la retórica del Centenario, y del tercero la orientación metafísica. También toma de los tres el tono vernacular del habla coloquial porteña, y de todo este collage resulta en verdad, gracias a la sintaxis implacable y a la claridad misteriosa de la escritura borgeana, una nueva e inesperada reconstrucción de nuestra literatura.

***

Notemos que la elección por la marginalidad en el Borges de los primeros tiempos se da de modo triple: la elección de los suburbios en *Fervor de Buenos Aires* (lejos de «la chusma dolorosa de los puertos») como oposición al Centro; la de tres escritores «menores», Güiraldes, Fernández y Carriego, como valores del siglo XX, en *El Tamaño de mi Esperanza*; y en el mismo libro, como opción más significativa, la de Buenos Aires como tema central, en oposición a Europa y sobre todo a España.

Si Borges pudo ser tan decididamente marginalista fue en primer lugar porque se sabía central en cuanto a su escritura, de la que tuvo un dominio absoluto y prácticamente inmediato desde que empezó a publicar. La actividad «desmedida» a la que se entregó en esos primeros años -según sus propios términos- no era sólo síntoma de una agitada juventud, sino, a mi modo de ver, el fruto de una conciencia clara de que en la renovación de la literatura de su país su presencia y su liderazgo podrían ser decisivos.

Esta impresión no era por cierto desatinada, pero el proyecto de Borges en cuanto a representar el grado máximo de la literatura de su país y orientarla de esa manera, se cumple sólo muchos años después, sorteada la tentación del neocriollismo y superada la etapa peronista, que lo alejó de la irradiación posible y merecida de su escritura.

Recordemos que Borges fue marginalista en un sentido irónico, ya que ser un miembro de la burguesía patricia de Buenos Aires en los años veinte, cuando la Argentina contaba en verdad entre los diez primeros países del mundo, no era por cierto motivo de marginación: aún cuando evidentemente carecíamos de escritores como Cervantes, Shakespeare o Pascal, no olvidemos que era la época en que los argentinos imponían el tango en París, Einstein e Isadora Duncan nos visitaban y los niños bien de las familias aristocráticas porteñas encendían sus cigarros con billetes de cien francos en los Champs Elysées.

El marginalismo de Borges no es un gesto de refugio en lo humilde o lo insignificante (ni creo que él pretendiera esta interpretación), sino una manera secreta y poderosamente eficiente -la única manera posible, en verdad- de desafiar a los poderes mayores de la literatura mundial, que más tarde le concederían un lugar seguro en el cielo de los elegidos. El marginalismo de Borges es una especie de acrobacia imitativa con respecto a la enseñanza de un maestro, el más respetado y querido por él, el más marginal entre los marginales de la triada de *El Tamaño de mi Esperanza*, Macedonio Fernández. El golpe genial de Borges, en realidad, es desplazar el acento de la imitación de los modelos europeos -terreno donde necesariamente seríamos derrotados- e insistir en lugares y tiempos propios -Buenos Aires, la tradición de la gauchesca- desde una escritura decantada por el contacto con otras lenguas y una nueva reflexión sobre el lenguaje.

***

¿Cuáles son en este libro las tesis de Borges, sus preferencias, dichas a vuelo de pájaro? Ante todo, una confianza irreductible en ciertas cosas propias:

«En cuatro cosas sí creemos: en que la pampa es un sagrario, en que el primer paisano es muy hombre, en la reciedumbre de los malevos, en la dulzura generosa del arrabal.» Programa temático que hoy parece candoroso y limitado, pero que sin duda incluía y reflejaba también las aspiraciones del propio Güiraldes de esa época, el Güiraldes discípulo de Larbaud, un Güiraldes acompañado muy de cerca por un Borges joven y entusiasta. Este es, con todo, el tipo de afirmación que bien puede haber llevado a Borges a cancelar la presencia de este libro en sus obras completas.

Los apuntes críticos, en cambio, versan sobre autores tan distintos como Carriego, Hudson, Milton, Oscar Wilde y los escritores uruguayos de la época; también encontramos algunas de las más agudas e interesantes disquisiciones lingüísticas que haya hecho Borges en toda su historia de escritor. Lo que es interesante aquí es que, por sí sola, la presencia de este material automáticamente reubica el criollismo en un contexto no excluyente y singularmente enriquecedor. Contrariamente a Lugones o a Rojas, la evocación de la copla criolla en Borges, como la del tango en Güiraldes, coexiste con la mención de los admirados escritores europeos modernos o contemporáneos, y sus méritos se discuten de la misma manera y con la misma seriedad con que se pueden discutir un soneto de Baudelaire o un poema de Wilde.

Este giro crítico que examina la veta popular y la veta llamada culta o sofisticada como continentes de equivalente dignidad estética, bajo la misma mirada, es una novedad considerablemente revolucionaria -similar, digamos, al sesgo genial con que García Lorca examina en sus conferencias tanto las canciones de cuna de campesinas y gitanas como los poemas de Góngora. Es verdad que ya Lugones en *El Payador* abunda en comparaciones de la métrica criolla con el mundo y la estética homérica. Pero en Lugones, el recurrir al mundo clásico es un alarde erudito, un artificio para ennoblecer la pureza de la raigambre criolla y estereotiparla en el pasado, mientras que en las referencias que teje Borges vemos su afán de contextualizar lo más inmediato con lo contemporáneo universal.

***

Escuchemos ahora lo que se dice en el capítulo ostentosamente titulado "La pampa y el suburbio son dioses": «De la riqueza infatigable del mundo, sólo nos pertenecen el arrabal y la pampa. Ricardo Güiraldes, primer decoro de nuestras letras, le está rezando al llano; yo -si Dios mejora sus horas- voy a cantarlo al arrabal por tercera vez, con voz mejor aconsejada de gracia que anteriormente». Está claro que Borges siente justa la repartición de bienes dispuesta por el destino. Hombre de ciudad, le corresponden naturalmente los suburbios con sus compadritos; queden para Güiraldes la pampa y los paisanos.

Borges opta al mismo tiempo por una dimensión amplia del criollismo -una dimensión que era también consustancial a Güiraldes-. «Criollismo pues, pero un criollismo que sea conversador del mundo y del yo, de Dios y de la muerte.» No circunscripto a héroes patrioteros o a localismos consabidos a lo Juan Moreira, desdecidor de la retórica solemne o grandilocuente del Centenario, representada por Rojas o Lugones, este criollismo busca más lo marginal cotidiano y lo profundo espiritual y se propone así una nueva versión de la Argentina, más suelta y verdadera.

Hay claros límites, con todo, en el criollismo de Borges -tanto como en el de Güiraldes-. En el penúltimo capítulo de *El Tamaño de mi Esperanza* se señalan los peligros de un localismo demasiado limitado cuando Borges advierte contra la manía de introducir el lunfardo, «jerga que desconoce el campo, que jamás miró las estrellas». Güiraldes ha de coincidir abiertamente con Borges en su desconfianza por el excesivo lunfardismo, como lo demuestra su carta a González Tuñón.

Borges se levanta contra un criollismo de sainete: «No quiero (...) criollismo en la acepción corriente de esa palabra... Antes fue palabra de acción (burla del jinete a los chapetones, burla de los muy de a caballo a los muy de a pie) hoy es palabra de nostalgia (apetencia floja de campo, viaraza de sentirse un poco Moreira)». Por todo el libro resuena el nuevo criollismo que quiere Borges, que se asienta más en lo cotidiano que en lo heroico, en lo familiar antes que en la prosopopeya. Como dice Montaldo «(...) el criollismo como programa significa aliviar los discursos sobre la Argentina de la pesada ortodoxia nacionalista y quitarle el patrimonio cultural argentino a Rojas y a Lugones. Borges relee en sus prosas a los poetas gauchescos en función de la búsqueda de una literatura que traduzca la necesidad de una «escena argentina» y de una «lengua» coloquial.» (Montaldo p. 223).

Lejos de oponerse a la mitologización de la figura del gaucho, Borges contribuye a lo que él llamaba «la criolledá» con la imagen complementaria, la de sus compadritos suburbanos. Como bien lo ha visto Alfredo Rubione, «en la vanguardia de los años '20, Borges efectúa una operación estética semejante a la de Güiraldes. En este caso no es el gaucho sino su metonimia (es decir, no un símbolo contrapuesto sino yuxtapuesto): el Compadrito, el gaucho de la ciudad». «Esencial como el criollo que más, tiene su contraparte en el gringo, tan aparente como inflamado, falso y mimético.»

Estas líneas son particularmente exactas: el compadrito de Borges de los años '20 es un símbolo contiguo al del gaucho, y lo que el gaucho de

Güiraldes y el compadrito de Borges tiene en común -aquello que, de hecho, los destina conjuntamente a una desaparición futura- es su oposición frontal al inmigrante. Este antiinmigracionismo ya estaba patente en el prólogo extenso a *Fervor de Buenos Aires*: «De propósito, pues, he rechazado los vehementes reclamos de quienes en Buenos Aires sólo advierten lo extranjerizo: la vocinglera energía de algunas calles centrales y la universal chusma dolorosa que hay en los puertos, acontecimientos ambos que rubrican con inquietud inusitada la dejadez de una población criolla».

Estudios como los de Olea Franco, King, Gramuglio y Sarlo han querido ver en la sublimación de lo criollo en Borges una crítica irónica a la postulación de los valores de la figura gauchesca. Pero Borges no quiere desplazar al gaucho suplantándolo con el compadrito; en su perspectiva de entonces, gaucho y compadrito mitificados son las figuras claves de la nueva literatura que propone el criollismo de vanguardia. En aquel momento, lejos de ironizar, Borges comulgaba fervientemente con la empresa criollista de suscitar personajes populares admirables. Nada hay de irónico, por ejemplo, en el Borges que en su capítulo sobre Ipuche en *Inquisiciones* señala incluso la culpa de sentirse poeta urbano frente a los vates campesinos:

«Una confesión última. He declarado el don de júbilo con que algunas estrofas de *Tierra Honda* endiosaron mi pecho. Quiero asimismo confesar un bochorno. Rezando sus palabras, me ha estremecido largamente la añoranza del campo donde la criollidad se refleja en cada yuyito y he padecido la vergüenza de mi borrosa urbanidad en que la fibrazón nativa es ¡apenas! una tristeza noble ente el reproche de las querenciosas guitarras o ante esa urgente y sutil flecha que nos destinan los zaguanes antiguos en cuya hondura es límpido el patio como una firme rosa.» (p. 66)

No hay duda de que los contemporáneos de Borges lo reconocieron como apóstol genuino de un criollismo enraizado en lo que Ibarra, en 1930, llamará «el nacionalismo artístico»: «Este creciente y organizado nacionalismo de los intelectuales va informando grandemente nuestra juventud literaria. El gran apóstol del criollismo es, como no se ignora, Jorge Luis Borges: a su criollismo, el único entre nosotros no informe o palabrero, se reduce la cuestión del criollismo literario: ni Lugones, ni Carlos de la Púa, ni Jijena Sánchez le oponen al respecto ni un argumento ni ninguna obra.»

Rodríguez Monegal, en 1987, encuadrará una opinión semejante en los términos de una perspectiva más amplia: «En todo el libro (que contiene muchas alusiones autobiográficas e incluye anécdotas personales) puede advertirse una nota casi inaudible. Georgie habla explícitamente de sus esperanzas para una nueva forma de regionalismo, por un lenguaje que exprese auténticamente el alma y la esencia de su tierra nativa, que exprese su humor original y su sensación de destino; también expresa tácitamente su ambición de ser el poeta o el novelista que capture tal alma y esencia. Probablemente planeaba entonces escribir un libro que transmitiera sus sentimientos ante el arrabal: una épica en prosa sobre los verdaderos compadritos y su mitología. Cerca del final, comenta el hecho de que cada palabra debe ser vivida por el escritor antes de ser utilizada.

Advierte a sus colegas: «Que nadie se anime a escribir suburbio sin haber caminoteado largamente por sus veredas altas; sin haberlo deseado y compartido como a una novia; sin haber sentido sus tapias, sus campitos, su luna de almacén, como una generosidad».»

***

Este criollismo se acompaña por otro tema central y recurrente en el Borges joven: su fervor -no siempre equilibrado- contra las letras hispanas. En efecto, para el Borges de 1926 es indudable que el criollismo pasa por el antihispanismo -de la literatura española contemporánea, aparte de su amistad por Ramón Gómez de la Serna, queda sólo a salvo su devoción por su maestro andaluz, Cansinos Assens, representante de la muy maravillosa tradición hispanohebrea, el hombre que podía hablar con las estrellas en once lenguas diferentes-. En cambio, los clásicos españoles le inspiran sólo reservas -no sólo se encarniza con dos versos nada menos que de Cervantes (p. 99) sino que también arremeterá contra un soneto de Góngora unas páginas más tarde.

Acaso nada ilustra mejor el antihispanismo de Borges que su reacción en el *Martín Fierro*, el 10 de julio de 1927, a la imprudente afirmación de Guillermo de Torre, su futuro cuñado, en el sentido de que el meridiano intelectual de Hispanoamérica pasaba por Madrid. El artículo se titula demoledoramente "El Meridiano de una Gaceta" y entre sus perlas puede destacarse la siguiente:

«La sedicente nueva generación española nos invita a establecer ¡en Madrid! el meridiano intelectual de esta América (...) Madrid no nos entiende. Una ciudad cuyas orquestas no pueden intentar un tango sin desalmarlo; una ciudad cuyos estómagos no pueden asumir una caña brasileña sin enfermarse; una ciudad sin otra elaboración intelectual que las greguerías; una ciudad cuyo Yrigoyen es Primo de Rivera; una ciudad cuyos actores no distinguen un mexicano de un oriental; una ciudad cuya sola invención es el galicismo -a lo menos en ninguna parte hablan tanto de él- una ciudad cuyo humorismo está en el retruécano; una ciudad «envidiable» para elogiar ¿de dónde va a entendernos, qué va a saber de la terrible esperanza que los americanos vivimos?»

Esta acepción borgesiana del criollismo como antihispanismo se hará aún más evidente después, en *El Idioma de los Argentinos*, con la dura y sarcástica crítica a Américo Castro -desembarcado de la guerra civil española- con motivo de lo que Borges llama la alardeada riqueza léxica y la pobreza espiritual del español, comparada con nuestra dicción argentina llana y reservada.

La ambivalencia de Borges frente a Unamuno, su ignorancia de Valle Inclán, su desdén posterior por García Lorca, sus implícitos o explícitos sarcasmos en cuanto a Ortega y Gasset y a Ramón Gómez de la Serna, toda sus actitudes simultáneas o posteriores a este período lo muestran ultra-reticente con respecto a lo más nuevo o provocativo de la literatura española de la época. En este sentido, se mostrará decididamente reacio a aquella cláusula del programa de Larbaud que recomienda reanudar los vínculos con la literatura española de la época.

Anotemos que en Güiraldes (*Obras Completas*, pp. 792-793) hay conceptos muy semejantes con respecto a la necesidad de no aceptar la tutela de España en cuestiones de lenguaje. Esta actitud no era exclusiva de ellos, como lo vimos antes en la carta de Girondo a La Púa publicada en *Martín Fierro*, donde se subraya que son los americanos quienes han oxigenado el castellano.

Pero no existe en Güiraldes una animosidad antihispanista comparable a la de Borges en este sentido. En la definición y en la adhesión de Güiraldes a lo criollo -tal como la leemos por ejemplo en sus cartas a Valéry Larbaud- hay una elección instintiva, el gesto de un viajero experimentado que descubre algo muy peculiar en su país luego de una larga errancia, y se zambulle a rescatar esta experiencia única sin detenerse a enumerar o clasificar o juzgar las corrientes o tradiciones literarias que pudieran disonar o no con su proyecto propio. Mucho más reflexiva y polemizante es la actitud de Borges, que a pesar de sus desdenes, dominaba mucho más la literatura española que Güiraldes, y cuya adhesión al criollismo será, de todos modos, más intelectual y previsiblemente, por eso mismo, más pasajera.

Borges escribe como un maestro y sobre todo como un estratega, con el diámetro de todas las posibilidades de las lenguas y literaturas hispánicas en la mente: distingue, opone, se atreve a disentir con los clásicos. En este sentido, va mucho más lejos que Güiraldes en el programa trazado por Larbaud cuando éste señala que bastaría un solo escritor de envergadura universal en *Proa* «para imponer de viva fuerza los mejores de vuestros americanismos y la mayor parte de vuestros galicismos e italianismos a la lengua literaria de la península». Esta animosidad lingüística -sobre todo en lo que concierne a los americanismos- consuena mucho mejor con el temperamento provocativo e innovador de Borges que con la mezcla de naturalidad e incertidumbre con que Güiraldes manejaba una lengua que él mismo sabía muy proclive a los galicismos, y por lo tanto, vulnerable a la crítica.

***

En cuanto a la canonización de Güiraldes por Borges, subrayemos el hecho de que *Don Segundo Sombra* aún no ha aparecido cuando *El Tamaño de mi Esperanza* está en prensa, de modo que Borges está apostando aquí por un escritor mayor en años que él y que hasta ese momento,de hecho, es un fracasado. Ya en *Inquisiciones* había declarado Borges su estima por Güiraldes: «En este lado la única poesía de cuya hondura surge toda la pampa igual que una marea es la de Ricardo Güiraldes», dice en el capítulo "La criolledad en Ipuche". Pero es en *El Tamaño de mi Esperanza* donde más se explaya Borges sobre Güiraldes y donde mejor justifica su preferencia.

Ya hemos visto que esta admiración se evidencia cuando Güiraldes es saludado como «el primer decoro de nuestras letras», según Borges: uno de los grandes escritores de la época junto con Macedonio y Carriego. Borges rescata incluso *El Cencerro de Cristal* -acaso el más débil de los libros de Güiraldes- y lo incluye en su fervor en una enumeración en donde se habla de la plasmación poética de la noche en Virgilio y San Juan de la Cruz: «Sin yo quererlo, están en mi visión de la noche el *virgiliano Ibant obscuri sola sub nocte per umbram* y la noche amorosa, la noche amable más que la alborada de San Juan de la Cruz y la última noche linda que he visto escrita, la del *Cencerro* de Güiraldes.»

En segundo lugar, como ya lo hemos visto, Güiraldes se reparte con Borges la tarea de expresar estéticamente la patria criolla, él con el campo, Borges con la ciudad y sus arrabales. Lo importante es que Borges se hombrea aquí indudablemente con Güiraldes, lo reconoce como su par, embarcados como están ambos en la expresión o la explicitación de lo novedoso nuestro. Lejos de oponerse a la mitologización de la figura del gaucho, Borges contribuye a lo que él llamaba «la criolledá» con la imagen complementaria, la de sus cuchilleros suburbanos elevados a héroes a través del mito del coraje.

Finalmente, Güiraldes es partícipe con Borges de la hermosa derrota de *Proa*. Así lo comprueba la "Carta en la Defunción de Proa", que toma a Güiraldes, junto con Brandán Caraffa, como interlocutores. Del mismo modo que Borges ha reconocido en Güiraldes su par en la tarea de decir el criollismo, también será su par en el reconocimiento de una dolorosa derrota. De esta carta de despedida de *Proa*, extraemos los siguientes párrafos:

«Brandán, Ricardo:

...¡Qué lindas tenidas las nuestras! Güiraldes: por el boquete de su austera guitarra, por ese negro redondelito que da de juro a San Antonio de Areco, habla muy bien la lejanía (...) y sin embargo... Hay un santísimo derecho en el mundo: nuestro derecho a fracasar y andar solos y de poder sufrir (...) Yo también quiero descenderme. Quiero decirles que me descarto de *Proa*, que mi corona de papel la dejo en la percha. Más de cien calles orilleras me aguardan, con su luna y la soledá y alguna caña dulce. Sé que a Ricardo lo está llamando a gritos este pampero (...) Y usté, Adelina, con esa gracia tutelar que es bien suya, deme el chambergo y el bastón, que me voy.»

Julio del novecientos veinticinco (p. 83).

En los gritos con que está llamando el pampero a Güiraldes, según dice Borges, se anuncia la inminencia de *Don Segundo Sombra*, la necesidad de cambiar la intentona común y fracasada por un trabajo individual aún más exigente.

***

Innegable es entonces la presencia central y explícita de Güiraldes en el libro, pero si hasta aquí hemos estando viendo la empresa de canonización de Güiraldes por parte de un Borges impetuoso y generoso, nos falta por ver una empresa más difícil y menos conocida, la de la excomunión de Lugones por Borges.

Ya anteriormente, con motivo de *El Payador*, había llamado Borges a Lugones «forastero grecizante». El doble epíteto -que podría traducirse como «cordobés pedante»- no podía dejar de sonar a insulto. He aquí un notable fragmento de su reseña a Leopoldo Lugones, *Romancero*:

«Muy casi nadie, muy frangollón, muy ripioso, se nos evidencia don Leopoldo Lugones en este libro», dice Borges desde el comienzo. «Si un poeta rima en *ul* como Lugones, tiene que azular algo enseguida para disponer de un azul o armar un viaje para que le dejen llevar un baúl u otras indignidades.» «A ver, amigos, ¿qué les parece esta preciosura?

Ilusión que las alas tiende
En un frágil moño de tul
Y al corazón sensible prende
Su insidioso alfiler azul.

Esta cuarteta es la última carta de la baraja y es pésima, no solamente por los ripios que sobrelleva, sino por su miseria espiritual, por lo insignificativo de su alma. Esta cuarteta indecidora, pavota y frívola, es un resumen del *Romancero*. El pecado del libro está en el no ser; en el ser casi libro en blanco, molestamente espolvoreado de lirios, moños, sedas, rosas y fuentes y otras consecuencias vistosas de la jardinería y la sastrería. De los talleres de corte y confección, mejor dicho. (...) No hay una idea que sea de él; no hay un solo paisaje en el universo que por derecho de conquista sea suyo. No ha mirado ninguna cosa con ojos de eternidad. Hoy, ya bien arrimado a la gloria y ya en descanso del tesonero ejercicio de ser un genio permanente, ha querido hablar con voz propia y se la hemos escuchado en el *Romancero* y nos ha dicho su nadería. Qué vergüenza para sus fieles, qué humillación!»

Borges insolente, Borges valiente: al fin y al cabo, escritor joven no aún establecido entre sus mayores, se estaba midiendo con el máximo árbitro de la literatura argentina, y él bien lo sabía. Pero aún en la excesiva acritud y en el innecesario descaro de estas líneas late una verdad irrefutable y necesaria, como una fresca bofetada de realidad ante el solemne desfile de los obsecuentes. Nuestra época de publicidad y best sellers, con su secuela de calculadas opacidades y ambivalencias estratégicas, las falsas reverencias de las relaciones públicas donde tantas veces naufragan la lucidez y la honestidad de la crítica, nos ha desacostumbrado de esta franqueza áspera, el puñado de sal que sala a la tierra y le asegura su vitalidad; el Borges de aquel tiempo no trepidaba en apostrofar a sus mayores en letras de molde.

Como lo veremos enseguida, cara le costaría su hermosa audacia.

**

Segunda Parte: Los virajes de la fama

El Fracaso de una Esperanza

En el mismo mes, agosto de 1926 y en la misma editorial, Proa, aparecen *Don Segundo Sombra* y *El Tamaño de mi Esperanza*, dos frutos tempranos y ya maduros del nuevo criollismo. Dos frutos complementarios: en Güiraldes el criollismo se vuelca en narrativa, en Borges se vuelve un programa ensayístico y crítico. Quien se llevará la palma, sin duda alguna, pero también sin que ninguna expectativa lo sugiriera, es *Don Segundo Sombra*.

En el *Martín Fierro*, los adelantos y críticas elogiosas al *Don Segundo Sombra* ocuparán páginas y páginas, mientras que *El Tamaño de mi Esperanza* merece sólo una breve nota de Francisco Luis Bernárdez, desafortunadamente titulada "Un Borges de entrecasa". La intención aparente del crítico es subrayar la importancia del regreso y el afincamiento definitivo de Borges entre la gens porteña, pero la relevancia de una nueva dimensión del criollismo avistada desde las páginas de este libro diferente y solitario pasa completamente inadvertida. Bernárdez llega a hablar obtusamente de la tranquilidad del libro, «donde no hay una palabra más alta que otra». La feroz pero fundamentalmente atinada descarga de artillería contra Lugones no parece haber sido escuchada ni siquiera por los amigos próximos de Borges, que se jactaban de ser la vanguardia antilugoniana más prominente del país.

En otros periódicos las reacciones son más negativas. Por ejemplo, en la *Revista de América*, firmada por Antonio Vallejo, aparece una carta abierta a Juan Manuel de Rosas y a Jorge Luis Borges: «Yo no niego la calidad de tu esperanza ni me pesa su tamaño; yo creo que por hoy es pronto declamarla».

Desde la trinchera opuesta al *Martín Fierro*, los escritores de Boedo no escatiman sus invectivas y para más escarnio, unen la desaparición de la revista *Proa* a la hecatombe de *El Tamaño de mi Esperanza*. Así se expresan en 1926, en un artículo titulado "Sobre el cierre de *Proa*", *Los Pensadores*:

«Muy superior a esta revista era la que editaban los cuerdos del Hospital de las Mercedes. Por lo menos no había allí nadie que se vanagloriara de haberle descubierto el agujero al mate, como acontece con el payador Jorge Luis Borges, que no otra cosa quiere probarnos este mozo que escribe «espaciosidá» y «falsiada» para hacerse el criollo y a lo mejor, con tanto versito y tantas macanas no sabe ni montar a caballo.»

Sumada a las reservas que su propia obra le pudiera inspirar, este rechazo de su grupo generacional probablemente contó en el paulatino distanciamiento de Borges de su pasaje por el criollismo; las críticas, posiblemente, funcionaron como un alerta para su propia revisión posterior y el retiro de *El Tamaño de mi Esperanza* de toda circulación. (Notemos de paso que de este libro se imprimieron sólo quinientos ejemplares, de modo que su posesión se volvió una suerte de cacería legendaria para bibliófilos y expertos.)

***

Las reacciones a *Don Segundo Sombra*, en cambio, son inmediatamente positivas -arrasadoramente positivas-. Por de pronto, en el *Martín Fierro*, que ha llegado a ser para esa fecha el periódico literario más importante de la época, se publican como adelanto dos capítulos de *Don Segundo Sombra*, el 8 de julio de 1926.

Es indudable que Evar Méndez vio la ocasión de apostar fuertemente por el libro y no perdió la ocasión, según él mismo lo relata en su homenaje póstumo a Güiraldes, declarando los entretelones de la gloria:

«El público se arrebató la obra, que alcanzó dos tirajes sucesivos en menos de cuatro meses, cosa inaudita: fue un éxito sin precedentes. Mi editorial Proa, organización del periódico *Martín Fierro* para difundir obras

de su grupo, lanzó la novela; fue uno de sus veinte títulos y su único gran
éxito de librería. Hice llenar de carteles las calles del centro de la ciudad,
y anuncié el libro además, y organicé más de una docena de exposiciones
amplias en vidrieras y librerías centrales. Esto no se había hecho nunca en
el país; Colombo mandaba cajones y cajones de libros a mi casa de Belgrano;
mi mujer y yo hacíamos paquetes que yo llevaba en taxi a los libreros
amigos del viejo cliente que yo era, con la mayor diligencia, y dándoles,
por cierto, un tanto por ciento que nunca se les había dado; ganaban un peso
por libro vendido: para ellos el libro fue una ganga. A Güiraldes, aunque
pobre, no le importaba ganar dinero con su obra, quería difundirla, darse a
conocer al público y quería venderla al costo o menos. Pero recobró el
dinero invertido según prueban los recibos firmados por él o su padre. Yo
impuse el precio para acuciar el interés del vendedor, desde el día que en
la casa, curiosamente policromada, de la calle Solís, Güiraldes me dio la
primicia de la lectura de capítulos de su libro, como su amigo, como el
Director y como su editor y socio de la editorial que fundamos, y por abandono de él y de otros, absorbí.»

Un artículo de *Martín Fierro* sin firma, pero obviamente escrito también
por Evar Méndez, titulado "Editoriales Proa y Martín Fierro" señala: «*Don
Segundo Sombra* marca el punto álgido la obra de Ricardo Güiraldes, excelente negocio de librería, el más seguro y sólido del momento, como que ya está
colocada la segunda edición de cinco mil ejemplares (y se prepara una tercera)
antes de ponerse a la venta. Batió en el mes de agosto el último record de
exposición en vitrinas de quince grandes librerías, uno de los factores que
hicieron vender la edición en tres semanas».

He transcripto estas líneas, que parecen anticipar con asombrosa exactitud el mejor estilo best-sellerista de nuestro tiempo, para documentar que,
más que Güiraldes mismo, fue Evar Méndez quien diagnosticó con olfato
inusitado el éxito posible de *Don Segundo Sombra*, como lo demuestra ya el
tiraje extraordinario de la primera edición. Méndez jugó su carta ganadora
desde el comienzo, con una maniobra comercial inédita en el medio, que
acabó redituando con creces la audacia de la operación. Pero naturalmente, si
el público no hubiera respondido, la operación podría haber resultado un
fiasco. Como el mismo Güiraldes lo decía, «*Don Segundo Sombra* estaba en el
aire» antes que él lo escribiera.

El contraste de las ediciones de *Don Segundo Sombra* comparado con los tirajes de Borges es aplastante. Sin duda *Don Segundo Sombra* fue en su aparición -dada la época- el libro más exitoso del siglo.

En una carta de Adelina del Carril a Larbaud, de octubre de 1926, la mujer de Güiraldes escribe «...el libro ha caído con suerte y ha entrado en el corazón del público... en veinte días se ha agotado la primera impresión de 2.000 ejemplares y ya está colocada la segunda de 5.000 que actualmente se está imprimiendo y estará pronta a fin de mes». También comenta el efecto multiplicativo del artículo de Lugones, del que hablamos más abajo; y ya se rumorea entonces acerca del Premio Nacional, una suma entonces de 30.000 pesos, que no representaban poco para las averiadas finanzas de la pareja.

***

Con el correr del tiempo, la muerte de Güiraldes y la glorificación de *Don Segundo Sombra* por Lugones y su anexión a la retaguardia nacionalista, la visión retrospectiva de Méndez se vuelve crítica con respecto al punto crucial del criollismo. En el mismo escrito que hemos citado expresa así sus reservas:

«Los martinfierristas acérrimos, los ortodoxos, pese al título del periódico, no éramos criollistas. No éramos partidarios del gauchismo, todo lo contrario, partidarios de la evolución del criollo, reconocedores del proceso realizado a manera inevitable y fatal en el país; no teníamos interés en reflejar el folklore: éramos enemigos de lo pintoresco en materia artística. En todo ello estábamos tocados, por una parte y de acuerdo, con la actualidad y realidad nacional. Y por otra adheríamos al sentido de corrientes artísticas que difundíamos y fomentábamos. Los dirigentes todos éramos criollos, de vieja raíz criolla, Girondo, Piñero, yo: creo que se me conoce en la cara y mi físico nombre no desmienten la ascendencia indo-española; y por la parte materna descendían de rancias familias criollas Eduardo Juan Bullrich y Alberto Prebisch... *Don Segundo Sombra* estaba fuera de programa y contradecía nuestra orientación argentina moderna pero ante todo era una bella obra y su autor era uno de los nuestros, de los que más queríamos como persona y amigo y estimábamos como talento e intelectualidad. Además compartíamos con Güiraldes una formación idéntica, fundada en la influencia de la cultura francesa. El periódico en su juicio crítico hizo ciertas reservas. Güiraldes comprendió y aceptó. Demasiado honrado para admitir o reclamar un elogio incondicional.»

Al aplauso que evoca *Don Segundo Sombra* se mezclaba, antes de que Evar Méndez escribiera estas líneas, cierto recelo acerca de una interpretación que podría anexar la obra a los intereses del Centenario. En mayo de 1926 aparece un artículo titulado "Criollismo y Metafísica", donde Antonio Vallejo, expresando su temor por el pasatismo que encierra la vanguardia neocriollista, había prevenido -con respecto a Güiraldes y a Borges, evidentemente- acerca de la necesidad de «un criollismo que no es evocador de calles muertas, ni pasadero en épocas y nombres. Pampa, boleadoras, Rosas y suburbio son accidentes de nuestro criollismo, que estarán en nosotros por fijación sentimental, en devoción; pero nunca en anhelo. Yo temo por aquél que, vuelto de espaldas al presente... hojea un álbum de antepasados... Inquieta ver en compañeros de talento, la frente ciega y la espalda vidente...».

En septiembre de 1926 aparece en el *Martín Fierro* una nota de Sergio Piñero que llama a Güiraldes precursor en el simbolismo y «jinete de incomprensiones. (...) Desde el interior del caserón simbolista Güiraldes sospechó la Pampa», dice Piñero hablando del otrora calumniado *Cencerro*. «Las generaciones que llegan hablarán del resero de Güiraldes como el mejor rumbeador que conocieron las llanuras (...) la expresión breve es su característica sobresaliente, expresión tan alejada de Francia como lo está el propio Don Segundo. El sintetismo es gaucho por excelencia. La novela está construida como se construye un rancho» y «ubica al gaucho por gaucho y no por malevo payaso (Moreira) o cuchillero.» Pero al mismo tiempo, con singular espíritu profético, Piñero advierte acerca del riesgo «de los aplausos para festejar a una obra que les conviene a ciertos maestros».

Finalmente, en octubre de 1926, en el *Martín Fierro*, aparece un artículo de Leopoldo Marechal: "El gaucho y la nueva literatura rioplatense", donde leemos: «*Don Segundo Sombra* de Ricardo Güiraldes me parece la obra más honrada que se ha escrito hasta ahora sobre el asunto. El autor destierra ese tipo de gaucho inepto, sanguinario y vicioso que ha loado una mala literatura popular; y ese otro que es casi un semidiós de bambalinas.» (El gaucho inepto y sanguinario es aquí, sin duda, Juan Moreira, el protagonista de los conocidos sainetes de Eduardo Gutiérrez.)

Pero Marechal, temeroso, y con razón, de la anexión de este tipo de símbolo que podía producirse por parte del ala conservadora y nacionalista de la literatura oficial, advierte también: «Olvidemos al gaucho. En el umbral de los días nuevos crece otra leyenda más grande y más digna de nuestro verso...».

Como veremos más adelante, ya era tarde para las advertencias.

***

En todo caso, el entusiasmo colectivo acompaña el éxito arrasador de este libro en una ciudad abarrotada por las oleadas inmigrantes, digiriendo mal su propio y precoz crecimiento, que de pronto entrevé, como Fabio Cáceres, «una vida nueva, hecha de movimiento y de espacio». El éxito, por lo demás, no se limita a Buenos Aires: en la *Revista de Occidente*, Guillermo de Torre la saluda desde Madrid como «memorable ceremonia inaugural e iniciación de la novela argentina adulta».

Lo interesante aquí es subrayar que el éxito clamoroso de *Don Segundo Sombra* socava en el fondo el prurito elitista de los martinfierristas quienes, envueltos en la ola de una inesperada popularidad, que superaba aún con creces las mayores victorias editoriales de los populistas de Boedo, se encontraban atrapados en una flagrante contradicción con sus propios principios.

Con *Don Segundo Sombra*, la vanguardia había creado y encontrado repentinamente su propio y desbordante público y para colmo, ésta era la hazaña de uno de los vanguardistas más moderados, con una obra que presentaba un flanco abierto y vulnerable a la retaguardia nacionalista. De este modo paradójico, *Don Segundo Sombra* señala a la vez el cenit y la desaparición de la vanguardia martinfierrista.

Noé Jitrik señala que para 1962 el libro había alcanzado una venta de 250.000 ejemplares, sin contar las ediciones clandestinas. La resonancia internacional es indudable e inmediata, con rasgos notables, como el hecho de que la primera edición extranjera se publica en idish. El propio Güiraldes, acostumbrado como estaba a los fracasos de sus previos libros, no podía creer en su triunfo, y con su habitual humildad señalaba su sorpresa ante el éxito enorme y súbito que lo rodeaba.

***

Recordemos asimismo que en el último número de *Martín Fierro*, una foto histórica muestra a Güiraldes en un banquete en La Rural (difícilmente hubiera podido elegirse un lugar más paradigmático para celebrar al autor de *Don Segundo Sombra*), rodeado de la flor y nata de la literatura joven argentina. Borges sonríe de pie detrás de su amigo. No parece un azar que el último acto público de *Martín Fierro* haya sido precisamente un homenaje a Güiraldes. A este homenaje no asistiría Lugones, desde luego, pero su presencia flotaba como una sonrisa sarcástica sobre Borges y sus compañeros. Cuando *Martín Fierro* cierra poco después, debido a las tensiones políticas y literarias entre sus colaboradores, estaba en prensa un número -nunca publicado- de Homenaje a Güiraldes, en el cual también colabora Borges.

Es evidente que Borges debe haber sentido un legítimo despecho: su obra no ha sido ni siquiera comprendida por sus compañeros de grupo y en la atronadora salva que recibe a *Don Segundo* entrevé, con razón, el naufragio de los preciosos matices antilugonianos que trataba de difundir su nuevo criollismo.

Del despecho de Borges habla acaso uno de los primeros párrafos de la reseña al libro de Marechal, *Días como flechas*, que Borges escribe en el *Martín Fierro* a fines del '26. Según la programación anunciada, esta reseña hubiera correspondido a Güiraldes. Pero Güiraldes, demasiado envuelto acaso por el torbellino de la gloria, mezclada con la incipiente enfermedad que resultaría fatal para él, y en pleno viaje a París, habría dejado este cometido a Borges -cuya *Luna de Enfrente* había sido motivo de celebración jubilosa por parte de Marechal-. Borges, a su vez, celebra, pero a contrapelo y desganadamente:

«Indudablemente, mi prosa de conversador taciturno, mi prosa desganada de enviones cortos, no es apta para festejar este libro y me hará cumplir zurdamente con Marechal, con mi entusiasmo y con la gratitud que debemos a esa mucha belleza escrita y comunicada. Alguna vez poseí una prosa más conmemorativa, más de aniversario y de júbilo; pero una noche fui en peregrinación a mi patria chica, y (solemne sobre los campitos de la calle Darwin) invoqué los manes de Carrieguito y de don Juan Manuel y arrojé a los harapos de agua criolla del Maldonado mi latinidad.

Sentí ruido de fierros viejos. Morí por la patria. Ignoro si he pasado a vida mejor.»

Pienso que a la manera socarrona de Jorge Luis, latinidad significa aquí criolledad -el todo por la parte-. En efecto: con *El Tamaño de mi Esperanza*, Borges hubo de morir literariamente por la patria y por su idea apasionada de un criollismo nuevo e ilustrado, al mismo tiempo que Ricardo Güiraldes, su amigo preferido, nacía a la patria y a la literatura clásica con *Don Segundo Sombra*. Precedido por el éxito indudable y precoz de *Fervor de Buenos Aires*, *Inquisiciones* y *Luna de Enfrente*, el silencioso fracaso de *El Tamaño de mi Esperanza* equivale a una cierta muerte -que resultó ser, en realidad, una especie de borramiento temporal- muerte tanto más dolorosa cuanto más inadvertida. Borges, sin duda, pasará más tarde a una vida mejor -pero no sin la mediación de esa nocturna desventura acaecida en la calle Darwin, donde las aguas del Maldonado acaso recibieron, aparte de las confidencias de un Borges desencantado, algún manuscrito vehemente y criollista, hoy irrecuperable.

***

El Señor de las Palabras

Pocas figuras tan intimidantes tiene la literatura argentina como Leopoldo Lugones. En efecto: la escuela pública -laica, obligatoria y gratuita- tiene, en nuestro país, la curiosa virtud de inmolar, en un halo de distancia y antipatía definitiva, a los mismos héroes que propone a la admiración escolar. Algunos de los que éramos bachilleres al promediar los años cincuenta fuimos instrui-dos de este modo en el desdén por los máximos escritores argentinos del siglo XIX: Sarmiento y Lugones. Sarmiento ha sido restituido a la admiración pública en nuestro tiempo; Lugones no ha escapado totalmente a su penoso destino y sigue generando una incómoda ambivalencia: un intelectual cuyo imperio es difícil comprender, lo definirá Beatriz Sarlo.

Un aborrecimiento confuso nos convocaba, torvos en nuestros delantales blancos, en torno de sus más perfectas páginas, igualmente hoscas en su voca-bulario -que obligaba incesantemente al diccionario- como en su irreductible ajenidad. Ciertos inaccesibles fragmentos de *La Guerra Gaucha*, un desacredi-tado jilguero -"jilguerillo ufano"- promovieron para siempre, desde nuestros indefensos trece años, el rencor, o en los casos más benignos, la indiferencia.

Lugones se había ocupado, además, de educación y bibliotecas, es decir que, lejos de ser un poeta romántico, anidaba en el Parnaso oficial. Sus simpatías derechistas extremas, a partir de su madurez, contagiaban sospechosamente su trayectoria total; su histórica convocatoria, en Ayacucho, de la hora de la espada «para el bien del mundo», resultaba imperdonable; su suicidio, por fin, sugería una grieta monumental en la apariencia formidable de su gloria. Representaba, en suma, una cabeza o un busto más, prescindible como muchos otros en las polvorientas galerías tradicionales que nos cerraban el paso hacia donde queríamos ir y oír. Algunos de nosotros barruntábamos, culpablemente acaso, una virtus casi monstruosa, un demoníaco poderío del lenguaje en aquellas páginas enérgicas que se ofrecían a nuestros inhábiles ejercicios. Pero sobrevenían después el sombrío y apasionado Quiroga, la jovialidad de Cané, el desgarro extraordinario de Storni, y Lugones quedaba irremisiblemente atrás, empañado en algún rincón huraño de nuestra memoria.

Homenajes y estudios, leídos distraídamente años más tarde, no hicieron más que alejarnos de su marmórea, demasiado consolidada celebridad. Nada había que reivindicar o descubrir en él: antes que nadie, Lugones había arrebatado -en un país donde la pobreza verbal parece a veces congénita e irremediable- el brillo y la abundancia de todas las palabras, monopolizado todas las rimas, los neologismos y las extravagancias disponibles en el idioma.

Después de él, no quedaba sino un vasto erial de vocablos raídos. Lugones culminaba y agotaba una época a partir de la cual sólo era posible una recatada pobreza, una engañosa y astuta sencillez, a la manera de Borges. Era el hito, la puerta cerrada y el umbral difícil; si se le perdonaba el haber derrochado totalmente toda una zona del idioma era porque en el fondo la atención -no sólo la literaria- se había desplazado, más allá del interés por la posesión del lenguaje, hacia la denuncia de un silencio, de un desconcierto, de un exilio, frente a los cuales toda pretensión de elocuencia excesiva no aparecía sino como un anacronismo ineficaz. Lugones había empalidecido por adelantado los juegos pirotécnicos de los martinfierristas; hubo que esperar hasta la desterrada pampa de Martínez Estrada para encontrar, por contraste, una pareja dimensión de fuerza a la altura del verbo lugoniano.

Lugones parece representar un instante de máxima tensión expresiva, una opulencia idiomática que raya en la provocación: una felicidad en el decir que delata con mayor impiedad la hinchazón, la inutilidad de lo dicho. Aun lo que hay de auténtico, de irrefutable en su criollismo, en su provincianismo, parece irremediablemente contaminado de un pecado capital: la retórica. Nadie ignora que el virtuosismo es la virtud más aborrecida: Leopoldo Lugones tuvo la desdicha de identificarse, en la tradición literaria argentina, con un virtuosismo difícilmente superable.

A veces, sin embargo, brota en él un verso que viene de un manantial único: «Fue una joven suave, de vestido verde / que con dulce asombro me miró callada». Se ha hablado mucho, acaso demasiado, del erotismo de Lugones, que a veces se expresa en cimas de ridiculez inalcanzable; pero el amor en Lugones, el Lugones crepuscular de la pendiente final que conduce al cianuro en un hotel del Tigre, tiene acentos que muy pocos otros poetas nuestros llegan a encontrar.

Nuestro tema, sin embargo, es muy otro: es el doble encuentro de Lugones con Borges y Güiraldes, y el cambio total en los ejes de fuerza del triángulo que representan, como consecuencia de este encuentro.

***

La canonización de Güiraldes por Lugones

La magnitud de la obra de Lugones fue reconocida desde siempre, y abarca desde la admiración de Rubén Darío hasta el respeto encomiástico de los círculos literarios porteños más diversos en cuanto a posiciones estéticas. Cuando se le concede el Premio Nacional de Literatura, que se le entrega en 1926, han firmado la solicitud para la concesión de este honor, en 1924, desde Alfonsina Storni hasta Jorge Luis Borges, pasando por Ricardo Güiraldes, y desde Enrique Larreta, pasando por Conrado Nalé Roxlo, hasta Alberto Gerchunoff: prácticamente nadie queda fuera de la lista. A pesar de los reparos políticos cada vez más intensos que su adhesión al fascismo -cada vez más intensa- provocaba, se sentía y sabía que Lugones era una gloria literaria nacional e internacional, de la que era imposible prescindir.

***

Cabe preguntarnos ahora, más específicamente, qué ocurría por entonces con Lugones dentro de la vanguardia ultraísta. La actitud del *Martín Fierro* con respecto al maestro cordobés es, a largo plazo, perturbadoramente ambivalente. Por una parte, en uno de los artículos sin firma con que se reabre la segunda serie, y a manera de renuncia a la excesiva irreverencia de la etapa anterior, se dice (sin duda es Evar Méndez quien lo está diciendo) que «Demoler ya no es posible. Donde Lugones «no tiene talento» y Rojas es un «latero» y a Groussac se le perdona la vida cuando estrena una obra dramática, nada queda por hacer».

Estamos así, en principio, ante un programa de moderada integración de lo contemporáneo y lo tradicional. En el listado de los responsables del periódico, Güiraldes aparece entre los nombres de los que forman el núcleo central de la revista, Borges en la lista más periférica de los colaboradores más frecuentes, Lugones entre los que publican esporádicamente, y los tres escritores, finalmente, figuran en la lista de los accionistas del periódico.

De hecho, en uno de los primeros números, Lugones publica un artículo bastante plúmbeo sobre sus ideas en cuanto a una posible reforma educacional del país. Quizá éstas sean las señales que despiertan la animadversión de Mariani, del grupo de Boedo, cuando fustiga a los martinfierristas, desde las mismas páginas de *Martín Fierro*, como excesivamente adictos a Lugones, a quien nadie se atreve a reprochar su fascismo. Sin embargo, no puede dejarse de reconocer que, en un afán de equilibrio democrático, la revista no ahorra sus dardos contra él.

Curiosamente, parecería que en realidad, sólo Evar Méndez, el director, aprobaba a Lugones, a quien llega a llamar «la cabeza más alta y firme de América intelectual.» Los jóvenes redactores no coinciden totalmente con este tratamiento. Por una parte, hay una enconada y prolongada disputa de Marechal contra Lugones con respecto a la legitimidad del verso libre y el abandono de la rima: no cabe duda de que la mayoría de los escritores del periódico se alinean en este debate del lado de Marechal. Por otra parte, entre los cruentos epitafios que suelen publicarse aparecen, con las iniciales de Eduardo González Lanuza, estos irreverentes versos:

En aqueste panteón
Yace Leopoldo Lugones,
Quien, leyendo «La Nación»
Murió entre las convulsiones
De una autointoxicación.

Y más tarde, con la firma de El Vizconde (Lazcano Tegui), las siguientes cuartetas:

Fue don Leopoldo Lugones
un escritor de cartel
que transformaba el papel
en enormes papelones.

Murió no se sabe cómo.
Esta hipótesis propuse:
«Fue aplastado bajo el lomo
de un diccionario Larousse.»

Y con la firma apenas disimulada de Borges, acompañado de Vallejo, Marechal y Méndez, (Mar-Bor-Val-Men) aparece, el 8 de julio de 1926, un extenso "Romancillo", cuasi romance del "Roman-Cero a la izquierda", del que transcribimos la última estrofa, cuyos dos versos finales constituyen el estribillo repetido a lo largo de todo el poema:

Se hundieron los cielorrasos,
Creparon los bandoneones;
El azar jugó a la taba;
Zarathustra y los mormones
Trocaron el astrolabio
En un casal de sifones;
Y todos, el Caballero
El ermitaño, sus leones
Los trenqueláuquens asados
Y el reloj de plaza Once
Oyeron que en su agonía
Dijo el Caballero a Borges:
-¡Qué malo es el Roman-Cero
De Don Leopoldo Lugones!

La burla tiene que haber dolido, y mucho, ya que no sólo Marechal, un habitual antagonista, y Borges y Vallejo, los jóvenes iracundos, los delatores acostumbrados, tomaban parte en ella, sino que también ha sido arrastrado a compartirla Evar Méndez, director del periódico, cordobés como Lugones y hasta cierto punto partidario de él literariamente. No sólo se fustigaba la pobreza literaria de Lugones, sino que sus inclinacionas ocultistas eran también satirizadas.

Fue acaso la gota que acabó por derramar el vaso. Como lo veremos después, la sensacional respuesta, que hizo historia en las letras argentinas, tardó sólo poco más de un mes en llegar.

***

Naturalmente, Lugones no sólo había leído *Don Segundo Sombra*; había leído también, con resquemor e inquietud, *El Tamaño de mi Esperanza*. El escritor cordobés ve avanzar, insolente, joven, porteño e indetenible, terrible-mente certero, el genio crítico de Borges, ese muchacho de veintisiete años que amenaza su dominio y se burla de su poderío. Y el tándem Borges-Güiraldes, amigos en la orientación y conducción de *Proa* y *Martín Fierro*, los periódicos vanguardistas, es demasiado riesgoso: Lugones ve claramente el pe-ligro y se le adelanta. El más peligroso del dúo es, y Lugones bien lo sabe, Jorge Luis Borges. Su feroz pero no totalmente desatinada andanada contra el *Ro-mancero* puede acaso paliarse y hacerse olvidar con un gesto magnánimo y generososo suyo con respecto a Güiraldes, una figura menos agresiva, más tran-quilizante y señorial que la de Borges.

Y además Lugones comprende, como todos los emperadores, que dividir es reinar. Antes de un mes y medio tendrá escrito y publicado el célebre artículo consagratorio de Güiraldes. Porque la inesperada respuesta Lugones a la aparición simultánea de *El Tamaño de mi Esperanza* y de *Don Segundo Sombra*, apenas un mes después, el 12 de septiembre de 1926, es pasar por alto a Borges -a quien nunca Lugones mencionará en letra impresa- y pre-miar a Güiraldes con el indudable espaldarazo de un extenso artículo, lauda-torio y consagratorio, en la primera página de *La Nación*.

En este artículo trascendental, Lugones saluda en Güiraldes al descriptor de la tarea del gaucho «combatiente y vagabunda. Pues toda ella consiste, si se ve bien, en dominar el ganado y arriarlo con baquía, mediante un compli-cado sistema que participa de la sabiduría y del arte». Lugones contrapone el individualismo del gaucho al gregarismo del hombre urbano: «...como la libertad consiste en poseerse, no en poseer, forma un tipo de hombre libre que es la cepa genuina de nuestra raza, y que caracteriza ya nuestro predominante individualismo».

Las ponderaciones se van escalando: «Libro generoso y fuerte»; «Esto sí que es cosa nuestra y de nadie más, en la absorción absoluta de los grandes amores. Patria pura». «Realizar este libro con maestría, conseguirlo en cerca de cuatrocientas páginas desarrolladas de un tirón, sin fábulas ni sorpresas, es un esfuerzo triunfal nunca igualado entre nosotros. La prueba decisiva del verdadero escritor». «Creer, no formular, poner todo el temperamento, a lo que dé, en la gran corriente vital, no en el cuentagotas del escamoteo; vencer a todo el rigor del esfuerzo, como en la doma pampeana, no a hurtadillas de la materia rebelde; templar por derecho, diríamos en la lengua del payador: esto es saber triunfar, saber amar, saber vivir, saber portarse como hombre y como artista.»

Aun cuando reprocha a Güiraldes («el perdón es piltrafa de los menguados», dirá lugonianamente) el incurrir en ciertos galicismos demasiado flagrantes para ser pasados por alto, el espaldarazo de Lugones es incuestionable. Si bien el artículo exhibe en parte una retórica machista y altisonante, no hay duda de que el entusiasmo de Lugones es genuino. Por otra parte, Lugones mismo, que era evidentemente un gran escritor, debe haberse sentido impresionado por la fuerza y la originalidad especial del estilo de este nuevo Güiraldes en *Don Segundo Sombra*: «ese don en que todo el escritor se manifiesta con síntesis natural, como el pájaro en su canto».

Sin duda Lugones ve que la convocatoria implementada por él en *El Payador* se ve realizada con mayor felicidad y resonancia en *Don Segundo Sombra*, y no vacila en saludar a su sucesor. De este modo Lugones, el enemigo predilecto de Borges, es quien unge definitivamente a Güiraldes. Pero uno de los propósitos de Borges en *El Tamaño de mi Esperanza* había sido precisamente ungir a Güiraldes, a quien llama «primer decoro de nuestras letras» en contra de Lugones, «escritor de una especie, no de una estirpe». Lugones desarma la audaz jugada de Borges con un jaque mate real: será él quien salga definitivamente a proclamar la gloria de Güiraldes, desplazando violentamente a Borges en el camino y neutralizándolo por flagrante omisión.

Lugones no pierde la oportunidad de hacer la apología del gaucho simbolizado en *Don Segundo Sombra*, pero luego se vuelve sugestivamente contra los que enarbolan «un gracejo de arrabal» y contra aquellos que quieren instalar, «en un país canalla», «la trastienda clandestina de la mixtura de ultramar, donde el fraude de la poesía sin verso, la estética sin belleza y la vanguardia sin ejército, adereza el contrabando de la esterilidad, la fealdad y la vanagloria».

Que yo sepa, nadie hasta ahora ha leído en estas líneas un implícito rechazo a la estética de Borges -pero la sospecha cabe-. Mixtura de ultramar, vanguardia sin ejército y poesía sin verso caracterizan ciertamente a la obra de Borges por esos días, el responsable del afincamiento del ultraísmo entre nosotros y representante indiscutido de la vanguardia, el mismo Borges que, en *Luna de Enfrente*, solicita que sus versos «no sean persistencia de hermosura pero sí de certeza espiritual». Y si esterilidad y fealdad no pueden en rigor achacársele sin apasionamiento u ofuscación, no es menos cierto que *El Tamaño de mi Esperanza* es también un muestrario de jactancia juvenil y vanagloria insolente. La indignación de Lugones en este párrafo suena a mis oídos aún más intensa que la alabanza a Güiraldes -y hace suponer que de algún modo es el despecho del maestro cordobés el que inflama compensatoriamente el saludo triunfal a *Don Segundo Sombra*.

No nos consta que ésta haya sido la secreta lectura de Borges o la de Güiraldes y sus entusiastas compañeros de *Martín Fierro*. Pero sí es un hecho que por leer *Don Segundo Sombra*, Buenos Aires olvida leer *El Tamaño de mi Esperanza*; por escuchar la voz más autorizada y autoritaria de Lugones, se olvida que Borges se le ha anticipado en señalar la valía de Güiraldes. Borges no sólo no ha derrocado a Lugones sino que no ha podido entronizar a Güiraldes. Su peor enemigo es quien corona a su mejor amigo. Y en el camino de esta comedia trágica, su propio libro, una suerte de manifiesto por un criollismo diferente, se pierde en el tumulto de las contradicciones.

El éxito inesperado de *Don Segundo Sombra* desvía de la atención general la aparición de *El Tamaño de mi Esperanza*, que no llega a agotar los quinientos ejemplares originales, por los cuales batallarán después los bibliófilos. Lo que dice Güiraldes narrativamente alcanza mayor impacto que lo que con mayor audacia dice Borges de manera programática. La relación entre ambos libros -que hoy nos parece obvia- queda soterrada por la miopía general.

Es el primer fracaso de Borges, cuyos tres libros anteriores, *Fervor de Buenos Aires*, *Inquisiciones* y *Luna de Enfrente*, han tenido una profunda resonancia, no sólo en el país sino en Latinoamérica y en París -un hecho sin precedentes, dada su juventud-. Lugones ha demostrado su terrible inteligencia, su capacidad proteica de adaptación, su don de adivinación, su maestría en adelantarse a los acontecimientos y retener el cetro del poder literario.

En la admiración a Güiraldes coinciden las antípodas: Borges y Lugones. Por una parte, este acuerdo de acérrimos contrarios confirma la gloria de Güiraldes. Por otra, deshace la tensión entre las antípodas. El polo más frágil, Borges, pierde el blanco favorito de sus dardos y su razón de ser como capitán de los parricidas. *Martín Fierro* ha perdido una de sus más importantes razones de ser y naufraga, no ya víctima de la indiferencia del medio, como *Proa*, ni tampoco sólo por las desavenencias políticas entre sus colaboradores, como lo cuenta la historia oficial, sino también por las pasiones literarias conflictivas de sus integrantes. Un naufragio tanto más doloroso en cuanto no existe el espacio ni el tiempo donde ventilarlo.

***

Güiraldes, sorprendido por el artículo triunfal de *La Nación*, no puede sustraerse a un reconocimiento alborozado y envía a Lugones un ejemplar (probablemente de la tirada de lujo, restringida) con la siguiente dedicatoria: «A Leopoldo Lugones, gaucho, este ejemplar, de chiripá, de mi libro que se honra con haber merecido su elogio. Su amigo, Ricardo Güiraldes» (Lecot, p. 173). Un año después, y muy probablemente como consecuencia de este artículo, Güiraldes recibirá el Premio Nacional de Literatura.

***

El gaucho como maestro

Lo novedoso del proyecto de Güiraldes es que el aura negativa o depresiva de la figura del gaucho, tal como estaba representada en *Martín Fierro* y en *Juan Moreira*, se ve transformada por un tratamiento del gaucho como héroe cultural, en una novela que aúna en sus diálogos el tono criollo vernacular y cotidiano que postulaba Borges, con las novedades del lenguaje de la vanguardia en el transcurso descriptivo.

El primer capítulo se abre con ese acorde memorable que anuncia ya la calma música personal de un escritor que está innovando la prosa narrativa argentina con su innata naturalidad:

«En las afueras del pueblo, a unas diez cuadras de la plaza céntrica, el puente viejo tiende su arco sobre el río, uniendo las quintas al campo tranquilo.»

Este primer capítulo describe la mezquindad de la vida de Fabio Cáceres entre sus tías solteronas y el clima física y espiritualmente polvoriento del pueblo. Pero es sólo en el segundo capítulo en el que Fabio percibe, en la figura de Don Segundo Sombra, la alternativa que se le ofrece. El encuentro está marcado por una atmósfera muy especial. A través de la figura de Don Segundo, Fabio percibe una libertad desconocida hasta entonces para él: «Entreveía una vida nueva, hecha de movimiento y de espacio».

Ciertamente, un *leit-motiv* para todo lo que sigue, y una clara llamada para identificar al lector con el personaje del adolescente. Este es el personaje que lejos de incorporarse a la carrera del futurismo maquinista y la expansión industrial, convocatoria común en la época, decide escuchar el llamado de la aventura y la fascinación de la naturaleza solitaria -una actitud que consonaba con la fatiga que había sembrado por el mundo la primera guerra mundial.

En esta aventura de reencuentro con la naturaleza y el heroísmo se embarcan por aquella época escritores como Malraux, Lawrence, el Gide de *Les Nourritures Terrestres*, Saint Exupéry, Hemingway. Pero el héroe de Güiraldes no exhibe una dimensión épica contemporánea sino que representa más bien un arquetipo utópico de lo arcaico: «El gran paisano es de los que no vuelven, si se van», dijo de su protagonista el mismo autor. A Güiraldes no le interesaba predicar modelos actuales o actualizados para una praxis inmediata, ni era su intención hacer perdurar a los reseros en un país que se iba poblando de alambrados, sino más bien decir por primera vez y rescatar para siempre aquello que él había advertido como fundamentalmente rico, universal y perdurable en la figura del gaucho, que se había visto humillada o desconocida hasta entonces.

Siguiendo las huellas de Lugones, recogidas luego por el crítico Hugo Rodríguez Alcalá, puede señalarse en nuestra literatura gauchesca una interesante correlación, que yo sintetizaría de la siguiente manera: si el *Facundo* presenta al gaucho como victimario -la tesis- y el *Martín Fierro* como la víctima -la antítesis- *Don Segundo Sombra*, escrito al filo de la desaparición del personaje gauchesco, lo presenta claramente y auténticamente como maestro.

Un maestro de mayor profundidad y grandeza que el viejo Vizcacha, a mi entender. La distancia de Vizcacha a Sombra es la que va de la picaresca al estoicismo, que acaso, y aún literariamente, resulte una virtud más convincente. Como tal, Don Segundo ha quedado para siempre grabado en el imaginario de nuestra cultura con el misterioso don de una sabiduría innegable, donde resplandece no sólo su austeridad, sino el dominio de una rica tradición oral, el humor campesino, la apertura hacia lo fantástico y una energía indomable, permanentemente imantada en la naturaleza y en la libertad. Un vislumbre de esta sabiduría había sido ya atestiguada en las figuras del rastreador y del baquiano de Sarmiento.

***

Mirta Arlt ha tenido la amistad de confiarme el texto de una carta que su padre, Roberto Arlt, envió a Güiraldes cuando salió *Don Segundo Sombra*:

«Es todo hermoso, no tiene altos ni bajos, mas sí de la llanura una diafanidad serena, con olor de yuyos y el cielo que la cubre, una claridad tan tenaz que todo se vuelve transparente allí. Pero todo esto son palabras para la gran luz de amor que hay en su libro.»

Por su parte Neruda, un escritor de registro muy diferente al de Arlt, dice en una carta a Héctor Eandi:

«¿Con qué pagarle el *Don Segundo Sombra* que me mandó? Lo leí con sed y como si hubiera podido tenderme otra vez sobre los campos de trébol de mi país escuchando a mi abuelo y a mis ríos. ¿Verdad que es algo grandioso y natural, algo conmovedor? Olor a extensión, a caballos, a vidas humanas, repetidos de una manera tan directa, comunicados tan completamente.»

Coincidencia a través de meridianos muy distintos, estos textos prueban que la campanada profunda de *Don Segundo Sombra* va levantando vuelo y resonando por todo el continente.

***

Cinco meses después del artículo de Lugones, Güiraldes, enfermo, se embarca para París en un viaje sin regreso. Lo acompañan su mujer y dos allegados de la estancia. Y cuando vuelva a los siete meses, muerto y glorioso (Michaux, Supervielle, Auclair, Monnier asisten en París a sus exequias), es el Presidente Marcelo T. de Alvear el que recibe sus restos en Buenos Aires y Lugones quien dirá el discurso funerario en el cementerio de San Antonio de Areco.

Creo que en pocos casos la literatura argentina ha ofrecido una historia de amistad tan breve, intensa y dramática como la de Borges y Güiraldes, una amistad trenzada y transida de tanta admiración y cariño como de frustraciones y malentendidos subjetivos y objetivos, todos ellos involuntarios, crecidos a la vera de una amistad prematuramente interrumpida por acontecimientos imprevisibles del reino de la literatura y del reino de la muerte. Entre Güiraldes y Borges, la sombra monumental de Lugones se interpone. Primero Lugones, el discutido, el discutible -pero después la muerte, la irrefutable-. Y Borges habrá aprendido para siempre. Para siempre se alejará de su adhesión entusiasta al criollismo del mismo modo que Güiraldes se ha alejado irrevocablemente de él. Pero Güiraldes habrá marcado la juventud de Borges, como -bajo un signo muy diferente- marcará Bioy Casares su madurez.

***

El eje Borges-Güiraldes: de la canonización a la excomunión

«I offer you the loyalty of a man who has never been loyal.»
Jorge Luis Borges

En una memorable y olvidada novela de Nathalie Sarraute, *Los Frutos de Oro*, el protagonista es un libro que, después de alcanzar una fama insólita en los círculos de París, conoce un momento de aleteo oscilante en su celebridad y luego, a través de medias palabras de los críticos, miradas de soslayo o inexplicables silencios ante su autor, va descendiendo al nadir de la insignificancia y la reprobación. La novela no postula una defensa del libro, ni su ataque, sino que demuestra sutilmente el tejido de inconsecuencias humanas, estéticas y políticas que sostienen o socavan una reputación literaria. Así desfilan los imponderables que se crean a alrededor de un libro, desde los chismes acerca de su creación o promoción hasta el advenimiento de nuevos libros que lo empañan, o de teorías tan pretenciosas como fugaces que lo relegan al desván de lo prescindible. La novela de Sarraute, más allá de su aparente anécdota, postula la insondable arbitrariedad de la crítica literaria y la precariedad del juicio humano sobre lo bello.

Al enfrentarnos ahora con el vasto palimpsesto contradictorio de las críticas a *Don Segundo Sombra*, no debemos perder de vista que este ejercicio quizá nos diga más acerca de los críticos que acerca de la obra misma. Como decía Rilke, las obras de arte se hacen desde la soledad, y es evidente que Ricardo Güiraldes arriesgó su novela desde una perspectiva solitaria, en contradicción con la narrativa de su tiempo. Sin embargo, la crítica a *Don Segundo* es particularmente instructiva con respecto a las tendencias que fueron formando la conciencia literaria del país. Las vicisitudes que experimenta *Don Segundo Sombra* en la óptica de Borges, como veremos, no permiten ninguna duda con respecto a este punto.

***

María Teresa Gramuglio ha hablado de «cierta irónica indeterminación entre el homenaje y la burla» en la actitud de Borges hacia Güiraldes, que califica con razón de «relación sinuosa». Los textos que siguen confirman este aserto, si bien sería desleal olvidar que lo que no varía jamás es la admiración expresa de Borges por Güiraldes como persona y como amigo. Se podría incluso pensar que esta voceada admiración personal de Borges por su amigo de la juventud fue precisamente lo que le pudo haber permitido el desclasificarlo literariamente, a medida que sus preferencias se afianzaban en una dirección muy distinta de la que había orientado sus elecciones juveniles.

El recurso de distinguir entre persona y obra no es único en la obra de Borges, quien escribió alguna vez, para justificar su curioso antiflaubertismo, que «Flaubert es más interesante como personaje de escritor que como obra». La amistad personal de Borges por Güiraldes parece haber sobrevivido o convivido con sus más acerbas críticas.

«Un testimonio de la sincera amistad que unía a ambos hombres fue sin duda el hecho de que Borges fuera uno de los pocos amigos de Ricardo que había tenido acceso al manuscrito de *Don Segundo* mucho tiempo antes de su publicación», dice Vaccaro (p. 308). En cuanto al ejemplar de la primera edición regalado por Güiraldes[1] lleva la siguiente dedicatoria: «A Jorge Luis Borges, poeta con toda el alma y toda la pluma, con mi más grande estimación -Ricardo Güiraldes- Solís 227».

Apenas aparecido *Don Segundo Sombra*, Borges señala sin rodeos la inmortalidad de su protagonista. En su reseña a *Literaturas Europeas de Vanguardia*, de Guillermo de Torre, publicada en *Martín Fierro* el 5 de agosto de 1926, escribe:

«Sé de dos héroes novelescos que son de antemano inmortales: el Don Segundo de Ricardo (toda la Pampa en un varón) y el Recienvenido de Macedonio -toda Buenos Aires hecha alegría.»

Pero cuando llega el momento de detallar méritos, sin embargo, Borges se remite a Madre, que ha leído *Don Segundo* de un tirón, hasta las tres de la madrugada. Y es Madre quien dice a Güiraldes, según la cita del hijo fiel: «Por eso deduzco que debe ser buenísimo». Punto y aparte.

Convengamos que un escritor que ha sido y será siempre un eximio crítico literario hace un flaco favor a su colega remitiendo la crítica de su obra maestra al juicio de su madre -aun cuando sepamos del enorme y auténtico respeto que Borges profesaba por las opiniones de su madre, cuya exigencia y sobriedad en materias literarias eran proverbiales. En sus conversaciones con James Irby, muchos años más tarde, Borges se explaya sobre este punto. En realidad Madre, aristocratizante, prefería a Güiraldes; Borges, por su parte, se empeñaba en convencerla de los mayores méritos y profundidad del *Martín Fierro* de Hernández, que Madre repudiaba por las simpatías rosistas de su autor.

***

Inmediatamente después de la muerte de Güiraldes aparecen varios textos laudatorios de Borges. El primero es un texto inédito que proviene del

---

1. He podido consultar este ejemplar gracias a Nicolás Helft.

frustrado Homenaje a Güiraldes programado por *Martín Fierro*, que no llegó a aparecer por el ya comentado cierre del periódico.[2]

«Ricardo Güiraldes, hombre de tanta inteligencia y santa bondad, intuyó el mundo con pasión y lo dijo en palabras que bien pueden ser perdurables y usó bien de él y ejerció amistad, lealtad y poesía. Fue oscurecido; fue deliberadamente ignorado y desfigurado por algunos que le fingen llantos ahora, acaso para agradecerle su muerte. Se sobrepuso a todos al fin; pasó, casi de golpe, de las íntimas lámparas de la amistad a la iluminación civil de la fama. Entonces, el cuerpo le hizo una grave felonía: le grabó un cáncer que lo devoró y lo mató.

(...) La muerte de Ricardo Güiraldes nos disminuye. La mejor parte de nosotros ha fallecido en él; la secreta virtud que él en cada uno atisbaba. Güiraldes muere; riquezas de sentir y pensar le fueron concedidas en vida, inmortalidad en muerte. Su obra será ocasión de felicidad para muchos años, pienso que para todos. La muerte agranda a los que mata. Ricardo puede prescindir de ese énfasis patético; quien alguna vez conversó con él fue sensible, más allá de divergencias ocasionales, a la preciosa calidad de su alma.»

«Pasó, casi de golpe, de las íntimas lámparas de la amistad a la iluminación civil de la fama.» Acaso estas palabras ocultan una secreta tristeza por la pérdida de un amigo preferido, arrastrado a la gloria demasiado súbitamente y alejado de sus más íntimos aun antes de su muerte. Escuchemos otra vez estas palabras: «La muerte de Ricardo Güiraldes nos disminuye. La mejor parte de nosotros ha fallecido en él; la secreta virtud que él en cada uno atisbaba».

Ante la muerte, se desnuda Borges de toda ironía. Aquí no le parecen ingenuas, como sugerirá más tarde, las interpretaciones que Güiraldes deslizaba o proyectaba en sus poemas. Ahora siente que ha perdido, con su mirada, aquella secreta virtud suya que sólo Güiraldes podía atisbar en él.

***

No sólo Borges insinuó en este texto que Güiraldes pudo haber sufrido de la injusticia de sus contemporáneos. En el Homenaje póstumo de *Martín*

---

2. Agradezco a la Sra. Lennon de Novillo el haberme enviado este texto inédito.

Fierro que quedó sin publicar[3] encontramos estas expresivas líneas de Roberto Arlt:

«¿Ahora qué le diremos a él, nuestro hermano mayor, a nuestro valiente hermano mayor a quien era alegre querer? (…) Te queríamos mucho. Todos te queríamos mucho. A veces nos imaginábamos que estabas solo e indefenso, para tener la dichosa ilusión de salvarte la vida y ser héroes ante tus ojos. De verdad que te queríamos mucho. Suerte que vos lo sabías, pero a pesar de eso necesitamos charlar con vos, y renovarte, renovarte siempre, como si fueras el prodigio nuevo de nuestro conocimiento.

Llevabas a Don Segundo en tu gran corazón. Nosotros muchachos cínicos y desgastados de esta ciudad sombría te llevamos a vos: el señor don Ricardo Güiraldes.

Iremos alguna vez a tu sepulcro donde el viento levanta tierra y el sol quema los yuyos para llorar despacito y para hacerte compañía, a vos hermano nuestro mayor y valiente, noble fiesta de Dios.»

***

De 1928 es un artículo de Borges aparecido en *Síntesis*, sobre un inédito de Güiraldes, *Los Poemas Místicos*, y titulado "El lado de la muerte en Güiraldes". Escribe Borges aquí:

«Las palabras declaradas por Ricardo en estos poemas, son algo más que las profesionales astucias y que los conspirados motivos de una fruición verbal. Son noticia real de realidades. (…) El beatificado Lulio… no hizo otra cosa que reincidir en el procedimiento habitual de la simulación literaria: dejar que las palabras mientan conceptos. Ricardo, nunca. Su decir Dios no es una intimación temeraria de poderío, de piedad o de infinitud: es la mención, directa como la de un poste o la del pampero, del Supremo Ser. Su decir muerte no es un énfasis insubstancial, como en tantos otros: es el nombre de la mayor aventura y de la más universal inseguridad de nuestro destino. Así, este libro es noble delación de un carácter.

---

3. El acceso a este interesante material me fue posible gracias a la gentileza de Alberto Lecot y la autorización de Mirta Arlt para su publicación.

La patria -si nuestra observación y nuestra esperanza son, de hecho, proféticas- seguirá escuchando con ganas a *Don Segundo Sombra* y a cuanto se relacione con él. Ricardo, creador de esa inmortalidad sufrida y fornida, ocupará a los años también. Cuando esto se realice, cuando de la relectura venideramente consabida y ritual de *Don Segundo Sombra*, se dirija la piadosa atención a quien lo escribió y se lo indague en las demás reliquias de su vivir -en poemas, cuentos, epistolario- se recuperará esta siempre axiomática realidad que es hoy paradójica: el hombre puede ser más que la obra, el escritor que el libro. Se verá entonces que Ricardo Güiraldes, caballero porteño que pareció vivir en esa suerte de irrealidad que el hábito de la fortuna confiere, ejerció el duro propósito de ser un santo y así lo comprendimos más de una vez lo que con él convivimos, entre las ocurrencias, las salidas, los entusiasmos, que suelen ser verdaderos pudores de una conversación. Se realizará que no sólo a la grupa de Don Segundo, antepasado ecuestre, puede viajar a la inmortalidad Ricardo Güiraldes. Se verá que Dios no es menos infinito que su universo.»

Hay dos notas fundamentales de este pasaje: una, la seriedad con que Borges afirma, más allá de las apariencias mundanas, la auténtica vocación espiritual de su amigo -un rasgo que también se expresará en el libro de Enrique González Tuñón dedicado a Güiraldes, *Apología del Hombre Santo*. Hay una coincidencia general, entre los contemporáneos de Güiraldes, acerca de la perseverancia con que había emprendido el rumbo de una perfección acorde con el tipo de religiosidad oriental que profesaba, y en la que se mantuvo firme hasta su muerte. Notemos que de paso Borges, fiel a su inveterado antihispanismo, no vacila en comparar a Güiraldes ventajosamente con nadie menos que con Raimundo Lulio, el beato catalán.

La segunda nota se transmite de otro modo, más sutil y ambiguo, en expresiones como «la relectura venideramente consabida y ritual de *Don Segundo Sombra*», una frase que acaso transmita la desconfianza con que Borges vio la masiva, maciza y fulgurante consagración de la novela de su amigo como un clásico. La admiración suscitada por Güiraldes, en efecto, se convirtió de pronto en una entusiasta oleada patriótica, en donde ciertos matices críticos, que Borges había luchado por introducir en la conciencia crítica de su grupo, habían acabado por naufragar irremisiblemente.

Por otra parte, Borges es sincero cuando señala que en Güiraldes, como hombre, había un plus especial que desbordaba sus aptitudes como escritor, por muy excelentes que se las pudiera considerar. Si se me permite intercalar aquí una experiencia personal, puedo atestiguar que cuando tuve la oportunidad de escribir la biografía de Güiraldes y entrevistar a aquellos que lo habían conocido, me pasmó la unanimidad de calor y entusiasmo que su memoria despertaba en los amigos y colegas sobrevivientes.

Conociendo las habituales mezquindades de los círculos literarios, y las divergencias en gustos e ideologías de los entrevistados, desde Marechal a González Garaño pasando por Soto, Ocampo y Borges entre otros, me vi llevada a concluir que no sólo su prematura muerte lo había consagrado así en el recuerdo de su generación, sino un carisma auténtico y reconocido por todos. Algo de esto brilla en los cariñosos versos que le escribe Alfonso Reyes, llegado demasiado tarde para conocerlo:

Llegaste cuando yo no estaba y yo vine cuando habías partido
y nuestra alianza queda encinta de todo lo que pudo haber sido.

Tal vez te recogieron como en tu cuento al Trenzador
Arrugando con crispada mano la carta en que te dije adiós.

Hoy, tus ecos juntando, te alzo una estatua de reflejos
Y por la señal de tu planta te voy campeando desde lejos.

Cada uno me habla de ti con un elogio diferente.
Puedo pensar que sólo contigo se me ha muerto mucha gente.

En este sentido, el decir de Borges avala el sentir común de todo su grupo y rescata, además, el valor testimonial de su obra póstuma, que el brillo de la recepción excepcional a *Don Segundo Sombra* sin duda empañó. Borges nos está diciendo que aparte de haber leído el *Don Segundo Sombra*, al que «la patria seguirá escuchando», él tuvo el privilegio aún más singular, del que se honra, de haber conocido personalmente a Ricardo Güiraldes y de haber convivido con su alma extraordinaria. Viniendo de un hombre en general tan cauteloso como Borges, estas palabras suenan verdaderas y conmovedoras -y lo son.

***

También de 1928 es una "Página relativa a Figari" que encontramos en *Textos Recobrados*, un texto muy hermoso que expresa de un modo especial el sentir de Borges en aquel tiempo, enlazándose con temas que muy posteriormente, al final de su vida, vuelven a encontrarse en él. Transcribimos:

«Hablé de la memoria argentina y siento que una suerte de pudor defiende este tema y que abundar en él es traición. Porque en esta casa de América, amigos míos, los hombres del mundo se han conjurado para desaparecer en el hombre nuevo, que no es ninguno de nosotros aún y que predecimos argentino, para irnos acercando así a la esperanza. Es una conjuración de estilo no usado: pródiga aventura de estirpes no para perdurar sino para que las ignoren al fin: sangres que buscan noche. El criollo es de los conjurados. El criollo que formó la nación, ha preferido ser uno de muchos, ahora. Para que honras mayores sean en esta tierra, tiene que olvidar honras. Su recuerdo es casi un remordimiento, un reproche de cosas abandonadas sin la intercesión del adiós. Es recuerdo que se recata, pues el destino criollo así lo requiere, para la cortesía y perfección de su sacrificio. Figari es la tentación pura de ese recuerdo.»

Donde dice Figari en este texto, bien pudiéramos decir Güiraldes: cortesía, pudor, perfección de sacrificio, recuerdo que se recata y, sobre todo, el «reproche de cosas abandonadas sin la intercesión del adiós». Figari, sobre quien también escribió Güiraldes, representaba, en lo plástico, la reivindicación de ese nuevo criollismo por el que se habían jugado Güiraldes y Borges. La espléndida colección de cuadros de Figari del Museo Nacional Güiraldes en San Antonio de Areco muestra la lúcida devoción que el padre de Güiraldes, Don Manuel, profesaba por ese pintor uruguayo extraordinario y su deliciosa lírica de atardeceres con mate y de patios rosados, «ocasión de serenidad», como dice Borges.

Se siente, empero, que para Borges el gauchismo es una instancia del pasado, luego de la asonada triunfal de *Don Segundo Sombra* por parte de Lugones. Como de costumbre, el texto de Borges dice lo que dice y dice algo más, para aquellos que tienen el oído muy fino. Por un lado, el gaucho es semilla del hombre nuevo, pero por otro lado la semilla, para fructificar, debe ser enterrada. Y además esta frase, que va lejos: «Para que honras mayores sean en esta tierra, tiene que olvidar honras».

***

Hay un curioso momento, en junio de 1929, en el cual Borges, interrogado acerca de los valores máximos de la literatura nacional, se muestra magnánimo y equidistante entre sus dos sucesivas admiraciones por Güiraldes y Lugones. Entrevistado por la revista *La Literatura Argentina* con motivo de la adjudicación de un Segundo Premio Nacional por *El Idioma de los Argentinos*, que recibió en 1928, señala así a sus prosistas predilectos: «Indudablemente Groussac, Lugones, Güiraldes, Marcelo del Mazo, de prosa excelente y de quien ya nadie se acuerda» (Vaccaro, 336). Pero este equilibrio, como veremos, resultará frágil con el tiempo.

***

Con el tiempo, en efecto, veremos hasta qué medida se irá acentuando la disonancia entre el afecto por el hombre y el creciente desapego por la «relectura ritual y consabida de *Don Segundo Sombra*». En este sentido hay que notar que el progresivo distanciamiento de Borges no atañe sólo a la personalidad literaria de Güiraldes, sino que se extiende a toda la etapa concerniente a la generación martinfierrista, incluyendo su propia obra.

Un testimonio del desdén profesado por Borges hacia ese período se encuentra en uno de sus mejores poemas, del que transcribo sólo un breve fragmento:

Insomnio

De fierro,
de encorvados tirantes de enorme fierro tiene que ser la noche
para que la revienten y la desfonden
las muchas cosas que mis abarrotados ojos han visto,
las duras cosas que insoportablemente la pueblan.

Mi cuerpo ha fatigado los niveles, las temperaturas, las luces:
en vagones de largo ferrocarril,
en un banquete de hombres que se aborrecen,
en el filo mellado de los suburbios,
en una quinta calurosa de estatuas húmedas,
en la noche donde abundan el caballo y el hombre.

....

Las fatigadas leguas del suburbio del Sur,
leguas de pampa basurera y obscena, leguas de excecración,
no se quieren ir del recuerdo.

Lotes anegadizos, ranchos en montón como perros, charcos de plata fétida:

soy el aborrecible centinela de esas colocaciones inmóviles.
Alambres, terraplenes, papeles muertos, sobras de Buenos Aires.

Adrogué, 1936

No parece arriesgado asignar la mención del «banquete de hombres que se aborrecen» a alguna de las numerosas presentaciones y homenajes que en forma de banquetes organizaba el periódico *Martín Fierro* en su época de esplendor. Como dice Graciela Montaldo (p. 216) comentando "Insomnio": «Este poema puede considerarse un ajuste de cuentas con la producción poética e ideológica ...de la década del veinte. En este texto Borges repudia suburbio y pampa; es un poema contra sí mismo y contra su teoría de la criolledá, también contra la década del veinte».

En el libro que dedica a Lugones años más tarde a Borges escribe, hablando precisamente de esa década:

«En el recuerdo, el sabor de estos años es muy variado; y juraría, sin embargo, que predomina el sabor agridulce de la falsedad. De la insinceridad, si una palabra más cortés se requiere. De una insinceridad peculiar, donde colaboraban la pereza, la lealtad, la diablura, la resignación, el amor propio, el compañerismo, y tal vez el rencor.»

El entusiasmo no predomina en este retrato, sin duda duro de aceptar, retrospectivamente, para sus compañeros de grupo. Como de costumbre, Borges va balanceando los matices -lealtad y rencor, amor propio y compañerismo- pero el impacto de la alegada falsedad o insinceridad como nota remanente primordial apaga de algún modo la imagen que el grupo irradia a través de la revista que, para el lector contemporáneo, se juega en entusiasmos e irreverencias de algún modo fraternales, y no puede dejar de ser levemente afrentoso.

***

El viraje negativo de Borges con respecto a Güiraldes como escritor puede empezar a percibirse en una nota titulada "Sobre *The Purple Land*" de Hudson (1941), recogida luego en *Otras Inquisiciones*. (Es necesario notar que en *El Tamaño de mi Esperanza* Borges ya había publicado una nota sobre *The Purple Land* -de contenido muy distinto, donde no existe ninguna comparación entre *Don Segundo Sombra* y esa novela.) Transcribimos:

«*Don Segundo Sombra*, pese a la veracidad de los diálogos, está maleado por el afán de magnificar las tareas más inocentes. Nadie ignora que su narrador es un gaucho; de ahí lo indudablemente injustificado de su gigantismo teatral, que hace de un arreo de novillos una función de guerra. Güiraldes ahueca la voz para referir los trabajos cotidianos del campo, Hudson (como Ascasubi, como Hernández, como Eduardo Gutiérrez) narra con toda naturalidad hechos acaso atroces.»

Lo que acaso se soslaya en este comentario de Borges, como dice Rodríguez Alcalá comentando este texto, es que quien narra estos trabajos es un chico pueblerino para quien estas experiencias son asombrosas, lo mismo que la lucha contra la partida policial de Martín Fierro o su fuga con Cruz. Es la mirada de Fabio admirando a Don Segundo más que la experiencia de Don Segundo la que se construye en la novela de Güiraldes. Pero Borges parece detectar cierto histrionismo en estas descripciones -algo que contradice su creciente vocación por la sutileza. Esta será una de las notas permanentes a su crítica de *Don Segundo Sombra*.

Sea como sea, aquí aparece por primera vez lo que será un rasgo fundamental de la estrategia de Borges en su progresivo distanciamiento de *Don Segundo Sombra*: la comparación con otros escritores más felices que Güiraldes, en su opinión, en algún determinado aspecto de su estilo o su visión literaria -desde Hernández hasta Bioy Casares pasando por Lugones-, como veremos en los testimonios que siguen.

***

Reseñando *Seis problemas para don Isidro Parodi* (escrito conjuntamente por Borges y Bioy Casares con el seudónimo H. Bustos Domecq, en 1942), en *Punto de Vista*, dice María Teresa Gramuglio: «¿Qué hace un párrafo de *Don Segundo Sombra* en boca, nada menos, de Gervasio Montenegro?».

«En "La noche de Goliadkin", Gervasio Montenegro cuenta a Parodi su viaje en el tren del crimen, y en medio de su relato aparecen estas frases:

«Un rayo de sol cayó sobre el campo. Bajo el benéfico derroche solar, los postes, los alambrados, los cardos, lloraron de alegría. El cielo se hizo inmenso y la luz se calcó fuertemente sobre el llano. Los novillos parecían haber vestido ropas nuevas...»

Por cierto, la cita es prácticamente literal. En la versión de *Don Segundo Sombra* de las *Obras Completas*, p. 389, encontramos el siguiente pasaje:

«Aquello fue el primer anuncio de mejora que, al cabo de una breve duda, vino a caer en benéfico derroche solar.

Los postes, los alambrados, los cardos lloraron de alegría. El cielo se hizo inmenso y la luz se calcó fuertemente sobre el llano.

Los novillos parecían haber vestido ropas nuevas, como nuestros caballos...»

Comenta Gramuglio: «Las frases son una cita oculta de *Don Segundo Sombra* y están precedidas de una efusión acerca de «un lejano anticipo de pampa, que habló a mi alma de argentino y de artista.» Continúa Gramuglio: «(...) el texto de *Don Segundo Sombra* queda alcanzado por la parodia, exhibido como solución rechazada de lo que se supone que debe ser la literatura nacional».

Y en una nota al pie agrega: «La relación sinuosa de Borges con Güiraldes puede seguirse en varios textos, desde los ensayos de *El Tamaño de mi Esperanza* hasta el poema "Ricardo Güiraldes", pasando por "El Escritor Argentino y la Tradición". *Don Segundo Sombra* prodiga los signos de la vida gaucha en un relato trabajado con procedimientos simbolistas y modernistas. Esta solución para escribir la literatura argentina fue comentada por Borges en varios ensayos. En *Seis Problemas*, recibe la implacable descalificación que he señalado; más adelante, en un pasaje que participa de la hipérbole y del disparate, se refuerza la refutación: «...premedita una severa gauchización de las soledades de Góngora, a la que dotará de bebederos y de jagüeles, de cojinillos y nutrias».

Acaso no sea una casualidad el hecho de que el texto en el que más lejos y más duramente Borges descalifique la obra de Güiraldes sea un texto de colaboración con Bioy Casares -un escritor muy diferente, por cierto, pero que de algún modo reemplazaría a Güiraldes para Borges en muchos sentidos, tanto social como emocionalmente-. Si Güiraldes marca la juventud barroca y la pasión neocriollista de Borges, Bioy Casares será el testigo e inspirador de la fase clásica, desde las novelas policiales hasta los textos apócrifos mítico-religiosos. En la acritud de esta parodia, inserta en un libro que quiso ser al mismo tiempo una sátira de la Argentina, según el mismo Borges, presenciamos la fuerza con que Borges prepara un viraje fundamental.

***

Cuando Borges, en el mismo año, 1942, se ve privado una vez más del Premio Nacional de Literatura, Victoria Ocampo le ofrece un desagravio, dedicándole un número entero de la ya muy prestigiosa y prestigiante revista *Sur* -uno de los trampolines que lanzarán a la fama nacional e internacional a Borges-. Pero Borges tiene ya por entonces 43 años. Aun cuando algunos honores han marcado su carrera y ciertamente no es un desconocido, lo que cosecha la primera pluma de nuestras letras, en lugar del premio que a todas luces le corresponde, es un desagravio -mientras que Güiraldes, con su vida dispersa y mundana, a los cuarenta años, un año antes de su prematura muerte, había logrado ya el homenaje de la revista vanguardista y el diario tradicional más relevante de su época, el apoyo de Lugones y al mismo tiempo el Premio Nacional.

Si la carrera de Güiraldes fue una serie de fracasos hasta *Don Segundo Sombra*, la de Borges fue una cadena de éxitos en cierto modo secretos y muchas veces controvertidos con violencia por sus adversarios. Sólo a partir de los años sesenta, luego de haber sobrevivido al violento embate de la crítica existencialista y marxista desde los ámbitos académicos, su fama comienza a asentarse y difundirse más allá de las fronteras. La aventura de escritores foqueados por la contradicción y la adversidad se diluye a veces en nuestro tiempo de acelerado marketing y best sellers prefabricados: por eso es interesante contemplar la lenta progresión hacia su propia identidad como escritores que realizan Borges y Güiraldes, y las vueltas y revueltas con las que un público cada vez más vasto acaba por aceptar sus nombres y cimentar su fama.

Tanto el uno como el otro adquirieron voces y reflexiones más profundas a lo largo de carreras difíciles, en donde tuvieron que sostener sin desfallecimientos la fe en lo más profundo y provocativo de sus propias visiones, que se afinaron y profundizaron a lo largo de las críticas positivas y negativas que fueron recibiendo. Güiraldes escucha a Larbaud como Borges escucha a Piñero, y de este diálogo interior entre escritores y colegas respetables surge, sin que casi nadie lo sospeche, lo mejor de nuestra literatura.

***

No era casualidad, ciertamente, el que *Sur* rompiera lanzas por Borges en un desagravio: una coincidencia de gustos y de exclusiones -a pesar de esporádicos y fuertes encontronazos entre Borges y Ocampo, poco advertidos por el convencionalismo de nuestra crítica oficial- cimentaba esta solidaridad. El frecuente desapego del grupo *Sur* por algunos nombres notables en la literatura latinoamericana consonaba en cierto modo con el distanciamiento de Borges con respecto a la llamada ingenuidad de Güiraldes, y con su creciente y paulatina admiración por el oficio de Lugones, un hombre que profesaba el culto del helenismo clásico que él también reverenciaba.

Notemos que *Sur*, que representaba a la intelligentsia argentina en el exterior, era también una elite literaria -por cierto no la única, pero sí la más difundida internacionalmente- que se distanció de Quiroga y consideraba que Lorca -a quien se lo publica sólo póstumo en la revista- pecaba por excesivo color local. Borges consideraba, por ejemplo, que Lorca era un andaluz profesional -al parecer ignorando *Poeta en Nueva York* y muchos otros escritos revolucionarios del genial escritor que parecen probar lo contrario-. Advirtamos entonces que la crítica al color local -en la cual acaba por incluirse lateralmente a Güiraldes, acusado de pintoresquismo en la entrevista con César Fernández Moreno- fue un arma temible en manos de Borges y del grupo *Sur* -sobre todo porque era un arma inteligente y persuasiva en un país cuyas clases dirigentes siempre se quisieron más europeas (o norteamericanas) que sudamericanas.

***

En 1948, claramente hostigado por las espesuras del régimen peronista, que lo había desplazado de su modesto puesto de bibliotecario para nombrarlo Inspector de Aves, Borges escribe en *Sur*:

«Las dictaduras fomentan la opresión, las dictaduras fomentan el servilismo, las dictaduras fomentan la crueldad; más abominablemente las dictaduras fomentan la idiotez. Botones que balbucean imperativos, efigies de caudillos, vivas y mueras prefijados, muros exornados de nombres, ceremonias unánimes, la mera disciplina ocupando el lugar de la solidez. Combatir estas tristes monotonías es uno de los muchos deberes del escritor. ¿Habrán de recordar los lectores del *Martín Fierro* y de *Don Segundo Sombra* que el individualismo es una vieja virtud argentina?»

La mención de Güiraldes no es rara en este contexto, que subraya la vocación liberal de ambos escritores. Este tipo de mención al pasado político de ambos, como veremos, volverá, con otras connotaciones, en un texto posterior.

***

Con los años y las señales incipientes de una fama irrefutable, Borges parece ir acentuando su ambivalencia con respecto a Güiraldes. En una entrevista de Estela Canto a Borges en 1949, la entrevistadora detecta una «bondadosa animosidad» en la actitud de Borges hacia Güiraldes. En esta época Borges empieza a esgrimir abiertamente su opinión negativa con respecto al valor de *Don Segundo Sombra* y, lo que es más importante, parece encontrarse en condiciones de esclarecer más explícitamente el porqué de su rechazo.

En un artículo publicado en *Sur* a fines de 1952, que contiene un breve homenaje a Güiraldes encabezado por Victoria Ocampo, Borges califica a *Don Segundo Sombra* como relato y elegía antes que como novela y epopeya. (Recordemos que en otra ocasión también había dicho Borges que el *Martín Fierro* era más una novela que un poema. Este cuestionamiento de los géneros es un gesto permanente en Borges.) Pero lo que arriesga Borges en el artículo de *Sur* es una específica motivación para la índole elegíaca de *Don Segundo Sombra*: la necesidad de rescatar para la Argentina, que se había visto privada de «la fiesta de la guerra» (es decir, la primera guerra mundial, del 14 al 18), los valores que exaltan el coraje del hombre. «No sólo dicha quiere el hombre, sino también dureza y adversidad.»

Otra razón encuentra Borges para el tono elegíaco de este libro, y es el lamentarse de Güiraldes por el pasaje de un país ganadero a otro agricultor, de una cultura nómade a otra más sedentaria y sedienta de industrialización. Es por esto que Don Segundo representa más bien un arquetipo más que un personaje singular.

«*Don Segundo Sombra* -nos dice Borges en el mismo artículo- presupone y corona un culto anterior, una mitología literaria del gaucho. Eduardo Gutiérrez y Hudson, Bartolomé Hidalgo y determinados capítulos del Facundo, hombres de la historia, sueño borroso, y del sueño vívido de las letras, dan a la obra su patética resonancia; merecer y cifrar ese hondo pasado es una virtud de Güiraldes, no accesible a los otros cultivadores de la nostalgia criolla.»

También anota Borges que uno de los méritos de Güiraldes consiste en hacernos vislumbrar la grandeza del personaje, no a través de sus hechos y acciones, sino a través de la impresión que deja en los otros. «Más revelador que sus actos puede ser el aire de un hombre; la doctrina luterana de la justificación por la fe (y no por las obras) es la versión teológica de esta idea.»

Asimismo, Borges compara *El Payador* de Lugones con *Don Segundo Sombra* y señala su parentesco. Afirmación que en parte es cierta y en otra tiene sus bemoles, ya que *El Payador* no es una obra narrativa, sino un muy interesante y olvidado ensayo donde Lugones describe de un modo ciertamente novedoso al gaucho, estudia con singular erudición, remontándose a los modelos clásicos, la métrica de nuestra poesía criolla, se detiene en la estructura y la música de los bailes populares y examina los méritos de *Martín Fierro*. Además, Lugones incurre en este texto en frases que recuerdan el estilo de una de sus obras menos logradas, *La Guerra Gaucha*. Un estilo que poco tiene que ver, ciertamente, con el de Güiraldes:

«Era de verlo por la pampa amarillenta (...) al galope del malacara o del oscuro cuyo ímpetu rebufaba, tascando generosos fervores en la roedura de la coscoja.» (*El Payador*, pp. 48-49)

Con todo, Borges está escribiendo bajo la mirada atenta de Victoria Ocampo, amiga leal de Güiraldes. Sus elogios -por ejemplo, la mención de un lenguaje "en que conviven lo francés y lo cimarrón"- se encuentran sabiamente sopesados por reservas importantes, pero acaso imperceptibles para los lectores apresurados, como cuando señala que el capítulo segundo de *Don Segundo Sombra* es el menos convincente de todos. Este es, no por azar, el capítulo que había reproducido *Martín Fierro* en su integridad como adelanto, el capítulo en que Fabio se encuentra con Don Segundo y entrevé a

través de él la vida de movimiento y espacio que será la contraseña de libertad de toda la novela. Y éste es el capítulo donde Don Segundo conquista a
Fabio con el rechazo del duelo inútil al que lo provoca el Tape Burgos,
borracho y racista. Lo que rechaza a Borges, precisamente, es el pacifismo de
Don Segundo, para él insólito.

Estéticamente, está claro que Borges prefiere los duelos al ademán de inesperada serenidad de un viejo criollo, para él inverosímil. Y este reparo acaso
pueda extenderse a la lectura de toda la novela, si la comparamos con los relatos
cuchilleros de Borges, concisos y dramáticos. De algún modo, es más infrecuente -y acaso, más difícil- sostener una narrativa en donde los grandes protagonistas son una llanura horizontal atravesada sólo por las estaciones y rutinas del
resero, con los hombres anónimos que la cruzan, que proponer una narrativa
donde los facones relumbran arbitrariamente y terminan, como en la milonga
de Jacinto Chiclana, «con una muerte casual, en una esquina cualquiera». Vol-
veremos a este punto más tarde, con la relectura de la vuelta del Moreno.

***

Existe un texto fundamental en la estética de Borges, "El escritor argentino y la tradición" que fue recogido en sus *Obras Completas* dentro de *Discusión*, y que corresponde a una conferencia dictada en 1953. El valor de *Don
Segundo Sombra*, según este ensayo, consistiría en fundir una temática argentina con metáforas provenientes de Montmartre por una parte y por otra, con
la memoria o el influjo de libros como *Kim de la India* de Rudyard Kipling,
que proviene, a su vez, de *Las aventuras de Huckleberry Finn*, de Mark Twain.
Según Borges, esa atrevida mezcla confirma precisamente lo valioso y lo
argentino del libro. La obra de Güiraldes ilustra así la vocación cosmopolita
del escritor argentino que Borges sostiene con fervor, contraponiéndola al
ingenuo entusiasmo de los escritores localistas que imitan en vano el voca-
bulario, a veces hermético, de las orillas. El cosmopolitismo de Güiraldes se
asentaría sobre todo en su filiación: una combinación de lecturas de escritores ingleses y de poética francesa.

Comentando sagazmente este texto, Sarlo (*Orillas*, p. 66) nota que, después de hablar de la necesidad de la discreción en el color local, Borges
«...pasa a la autocrítica de sus primeros libros, que desbordaban, a su juicio, de

cuchilleros, tapias y arrabales». Sólo después aparece el llamado elogio de *Don Segundo Sombra*. El engarce contextual de este elogio le parece sugestivo a Sarlo. En realidad «es un argumento, que tiene mucho de argucia, en su polémica con el nacionalismo literario». En primer lugar, no hay duda de que «Borges les arranca a los nacionalistas un texto, exhibidos por ellos como realización de lo argentino, para demostrarles que este texto precisamente es una escritura de cruce cultural». (*Orillas*, pp. 67- 68.)

Pero el hecho de que era bien sabido que Borges no apoyaba las metáforas de Montmartre indica que, aparte de su valor como figura de entrecruce, Borges no estimaba plenamente a la novela, que bien pudo caer en los mismos defectos de colorismo que sus propios cuchilleros. En suma, lo que parece leer Sarlo en Borges aquí es que el hecho de que *Don Segundo Sombra* no sea estrictamente nacionalista no significa que no sea mala -y lo es por su excesivo color local en primer lugar y porque, en segundo lugar, en el mismo entrecruce cultural que intenta, su adhesión a una estética dudosa hace naufragar el proyecto.

Sarlo señala: «Es cierto que Borges jamás practicó con Güiraldes los juegos de guerrilla literaria que le inspiraba Lugones. Güiraldes estaba del lado de acá de las vanguardias del veinte, dirigió con Borges *Proa* y fue Borges uno de los destinatarios de sus reconocimientos abundantes a la misión renovadora que la juventud tenía en la literatura argentina.

Sin embargo, es posible hipotetizar que Borges se veía ciertamente alejado de la solución estética presentada en *Don Segundo Sombra*. El gauchismo de Güiraldes podía ser, para Borges, demasiado compacto. Cargado de pormenores camperos, abundante en la descripción de las tareas gauchas, respetuoso del costumbrismo, Güiraldes tiene que haber sido para Borges un novelista problemático.

La abundancia y seguridad con que Güiraldes presenta el saber, la experiencia y el aprendizaje gauchos va en contra de lo que Borges considera cualidades básicamente argentinas: el pudor, la reticencia (que elogia en la *Urna de Banchs*) están ausentes de la exhibición estilística y narrativa de Güiraldes. Hay demasiados caballos en Don Segundo para considerar seriamente su pretensión nacional.»

A primera vista, según Sarlo, el texto es una defensa de Güiraldes contra los nacionalistas que lo aclamaban como suyo; entre líneas, y algo solapadamente, es también una desautorización de la textura estética de *Don Segundo Sombra*. Pero notemos que Borges, con su habitual lucidez, no puede censurar el pintoresquismo de los escritores localistas (que acaso incluían al mismo Güiraldes) sin incluirse a sí mismo en la volteada. El precio de renegar de la obra de Güiraldes es renegar de su propia obra inicial y Borges, como un caballero porteño, paga.

En el contexto de este pronunciamiento, sin embargo, hay que tener en cuenta que Borges, antes que contra Güiraldes, está escribiendo contra el nacionalismo flor de seibo de la época. Satirizar la ignorancia de los nacionalistas es mucho más importante para él que amenguar la gloria de Güiraldes, y esto es quizá lo que se pierde en la sutil lectura de Sarlo. Borges opera aquí la inversión de la maniobra de Lugones en 1926, y recupera a Güiraldes, no tanto para consolidar su celebridad, como para denunciar los límites de la adhesión nacionalista a su figura.

***

En cuanto a las influencias mencionadas por Borges, nos consta que Güiraldes había leído a Kipling, a quien admiraba. (Otros autores ingleses que Güiraldes dice haber leído son Spencer, Dickens, Poe y Oscar Wilde; claramente, ninguno de ellos tiene influencia en *Don Segundo Sombra*). La referencia a *Kim de la India* es algo curiosa, ya que en esta novela Kim, el joven hindú, hace su aprendizaje vital junto a un lama que opera como gurú o maestro para él -después de lo cual pasa a ingresar en el Servicio Secreto Británico-. Por otra parte, el libro de Kipling -como el antecedente que le asigna Borges, la novela de Mark Twain- está claramente dirigido a un lector adolescente, lo que no es el caso en la novela de Güiraldes. Sospechamos que acaso más influencia que *Kim de la India* tuviera, en las composición de *Don Segundo Sombra*, el misterioso encuentro de Güiraldes con un paria de la India en aquella lejana noche en Kandy, el encuentro relatado en su carta a Larbaud- pero aquí nos enfrentamos con un tipo de cosmopolitismo muy diferente al que defiende y protagoniza Borges.

No olvidemos que Borges asienta en ese mismo texto, justificadamente célebre: «Creo que nuestra tradición es toda la cultura occidental». Güiraldes hubiera diferido con Borges en un importante detalle: para él, la tradición era también toda la cultura oriental -es decir, todo el universo, sin distinción de hemisferios ni de latitudes-. Y sin duda Borges, que escribió hermosísimos ensayos sobre la literatura oriental, no hubiera dejado de estar de acuerdo. La tradición de todo escritor que se respete y sepa de su oficio es toda la literatura humana, sin excepciones geográficas, la literatura oral o escrita, desde los cantos navajos a los haikus japoneses, pasando por Dante y por Shakespeare. Porque donde hay lenguaje siempre hay la posibilidad de una literatura rescatable: tanto Borges como Güiraldes conocieron este truismo y lo practicaron sin desmayos.

***

Acaso conviniera detenernos brevemente en el contenido asignado a las metáforas de Montmartre de las que habla Borges refiriéndose a Güiraldes, referencia un tanto negativa, según la lectura de Sarlo. En contraposición con el ritmo de *Don Segundo Sombra*, sumamente logrado, se encuentran las imágenes, de las cuales tanto se ha hablado y cuyo color y eficacia, en efecto, han envejecido algunas veces -aunque no siempre. Metáforas algo forzadas, ingeniosas, pintorescas, deliberadas, que de algún modo se contraponen a la naturalidad del andante de Güiraldes en su prosa.

Esta es la metáfora que Borges había calificado de simbolista -probablemente refiriéndose a la admiración de Güiraldes por Laforgue-. Pero acaso una metáfora no tan lejana de la imagen ultraísta, que fue justamente la que trajo Borges de Europa como un don privilegiado y blasón de novedad al movimiento martinfierrista.

El mismo Borges dirá que durante quince años el ultraísmo se dedicó a construir los borradores del *Lunario Sentimental*, que a su vez se fundaba en las magias del poeta franco-uruguayo Jules Laforgue. Del simbolismo de Laforgue al ultraísmo de Borges, estilísticamente, no hay sino un paso. Y era el ultraísmo lo que dominaba en el *Martín Fierro*, el periódico en que colaboraba con Güiraldes y muchos otros jóvenes escritores -y también, en parte, en la segunda *Proa*.

Aunque Borges haya criticado a lo largo de su excelente obra autocrítica este metaforismo algo pueril, inducido por su propia autoridad y liderazgo en el grupo literario porteño, cuando se trata de Güiraldes lo adscribe exclusivamente a la influencia de Laforgue -también visible en el *Lunario Sentimental* de Lugones-. Pero acaso este deliberado y artificioso ejercicio de la metáfora sea sólo una clara ilustración de cierto terreno de coincidencias entre Borges y Güiraldes. Recordemos que el *Cencerro* es de 1915 y *Fervor de Buenos Aires* de 1923. El primer libro de Güiraldes será considerado precisamente como un precioso antecedente para los ultraístas.

Personalmente, no veo que exista demasiada diferencia estilística, por ejemplo, entre escribir «El latigazo intermitente del acento iba irradiando valentías de tambor en el ambiente» o escribir que «la carnicería rubrica como una afrenta la calle». Ambas imágenes parecen algo excesivas, charras o deliberadas. La primera es de Güiraldes, en *Don Segundo Sombra*; la segunda de Borges, en *Fervor de Buenos Aires*. Ninguna de las dos me parece convincente. En cambio me impresionan aquellas señaladas por Romano en *Don Segundo Sombra*: cuando Fabio se despide de la casa de sus tías, el catre queda desnudo y lamentable «como una oveja cuereada» -mientras el protagonista sale sigilosamente, ya que «la noche es traicionera y no hay que andar llevándosela por delante» (p. 324)-. Y me conmueve siempre aquel Borges que alcanza a cantar: «Suave como un sauzal está la noche».

No son las teorías o los ismos los que definen el valor de un escritor sino su práctica, que experimenta necesariamente caídas y ascensos, cegueras y deslumbres. Tanto Borges como Güiraldes pueden ejercer ese poder de esa imagen que deja huella en nuestra memoria, como un fogonazo de felicidad. Ambos, también, pueden distraerse de a ratos, y caer en una concesión pasajera al gusto de los días. Nadie puede negar -esto creo yo, por lo menos- que en ambos late la fuerza y la profundidad de una poesía verdadera y distinta, que ha renovado sin duda la escritura argentina.

***

En 1955, Borges publica en *Sur* una reseña a la obra de Bioy Casares, *El Sueño de los Héroes*, donde subraya el vuelco de sus preferencias. Citamos:
«Hacia mil novecientos veintitantos, Güiraldes pudo escribir (y nosotros leer con credulidad) su *Don Segundo Sombra*. La obra de Güiraldes es lo que en alemán se llama un *Bildungsroman*, una novela cuyo tema es la formación de un carácter; Don Segundo enseña al protagonista su lección de coraje y

soledad. En el curso de este libro tan claro no hay, quizás, una vacilación, pero su tono general es nostálgico y aún elegíaco. Los hechos esenciales han ocurrido antes de iniciarse la historia; las presuntas hombradas de Don Segundo quedan en irrecuperable pasado. (...) *El Sueño de los Héroes*, de Bioy Casares, nos ofrece una última versión del mito secular. Desde que *Don Segundo* se publicó, han pasado treinta años y muchas cosas, y nadie honradamente se asombrará de que nuestro fervor haya declinado. La historia se repite en otro escenario y con otros actores.»

Borges resume la novela de Bioy, al final de la cual el maestro, Valerga, mata a Gauna, el discípulo, en un duelo a cuchillo. «Ocurre entonces la segunda revelación: descubrimos que Valerga es abominable, pero que también es valiente. El efecto alcanzado es abrumador; Bioy, instintivamente, ha salvado el mito. (...) La amarga y lúcida versión que Adolfo Bioy Casares ha ideado corresponde con trágica plenitud a estos años que corren.»

Homenaje indudable a la maestría de Bioy Casares, de quien reconoció la influencia, este texto marca un distanciamiento explícito de Borges: es también el pasaje declarado de su barroco juvenil, propenso a las peligrosas herejías nacionalistas que él mismo denunció y abjuró más tarde, a un mundo mucho más aséptico, sereno y clásico, de prosa transparente, que a veces bordea el escepticismo con su sabiduría, y que nunca se aparta de una vigilante y vigilada inteligencia. El mundo, al fin y al cabo, que lo llevaría a su fama universal.

***

Cito ahora un fragmento de un poema rara vez analizado por los exégetas, que incluye una interesante mención a Güiraldes. Proviene de *El Hacedor*, 1960 -libro dedicado a Lugones (p. 210 de las *Obras Completas*, Volumen II)-. Este es el texto:

Mil novecientos veintitantos

Nos creíamos desterrados a un tiempo exhausto,
El tiempo en el que nada puede ocurrir.
El universo, el trágico universo no estaba aquí.

Y fuerza era buscarlo en los ayeres;
Yo tramaba una humilde mitología de tapias y cuchillos
Y Ricardo pensaba en sus reseros.
No sabíamos que el porvenir encerraba el rayo,
No presentimos el oprobio, el incendio y la tremenda noche de la Alianza;
Nada nos dijo que la historia argentina echaría a andar por las calles
La historia, la indignación, el amor,
Las muchedumbres como el mar, el nombre de Córdoba,
El sabor de lo real y de lo increíble, el horror y la gloria.

Conviene despejar algunas de las referencias históricas de este poema. «La tremenda noche de la Alianza» es la noche en que las ametralladoras oficiales liquidaron el cuartel general nacionalista en la calle San Martín. «El incendio» es el incendio de las iglesias céntricas coloniales, y algunas otras, cuando el peronismo ultrajado acusó al catolicismo de haber quemado una bandera argentina: éste es «el oprobio» del que está hablando Borges. El nombre de Córdoba, por fin, es el nombre del General Lonardi y la Revolución Libertadora, que llevaría a Borges al sillón rector de la Biblioteca Nacional. (No es raro acaso que los exégetas de nuestro tiempo, en general tan corteses con el presente como olvidadizos de la historia, callen sobre este texto.)

Desde el neocriollismo entusiasta y lírico de mil novecientos veintitantos, es cierto, como dice Borges, que ni Ricardo ni Jorge Luis, empeñados en preservar una arqueología mítica de arrabales y pampa, presintieron los desmanes que tanto el nacionalismo oficial como el nacionalismo protestatario acabarían por infligir a nuestra historia. El final de la historia, con la victoriosa llegada de las muchedumbres como el mar, cambia y transforma esta lectura.

El horror, sí. Pero también la gloria.

***

En una entrevista con K. Bostford señala Borges, en 1964:

«Hernández nunca describe el paisaje. Todo es una alusión. Mientras en *Don Segundo Sombra* todo se vuelve ligeramente teatral, ligeramente chillón:

hay continuas interrupciones para dejar actuar a una visión verbal del paisaje. No creo que una narración deba detenerse para proporcionar paisaje.»

El éxito de *Don Segundo Sombra*, según Borges, se debe precisamente a que todo está descrito, mientras que en el *Martín Fierro*, un libro en cierto modo más difícil y más sutil, todo está presupuesto (p. 205). Recordemos que Borges dice que un escritor del desierto se reconoce inmediatamente como tal porque en su texto no veremos jamás camellos. Con esta opinión se relaciona la afirmación de Sarlo, cuando dice que en *Don Segundo Sombra*, según la perspectiva de Borges, habría demasiados caballos. La objeción se desarrollará aún más explícitamente en su reportaje con César Fernández Moreno, como veremos más tarde.

***

En su entrevista con María Esther Vázquez en *La Nación*, en 1979, Borges ironiza, entre otras cosas, sobre los riesgos de idealizar a un personaje real y retrata al modelo en el cual se inspiró el escritor, un gaucho llamado Don Segundo Ramírez, como provocador inocente de los celos de sus compañeros por la atención nacional e internacional que súbitamente despierta. Asimismo, Borges describe la perplejidad en que se sumía el propio Ramírez al ser celebrado por personajes famosos como Victoria Ocampo, el conde de Keyzerling u Ortega y Gasset.

También añade que una vez que le fue leída la novela, ya que era analfabeto, Ramírez hizo toda clase de críticas realistas de poca relevancia, corrigiendo detalles materiales que poco hacían al caso, por entender que la novela no debía ser una obra de ficción sino un fiel reflejo de la realidad. Por su parte, Borges se felicita por su propia elección por la literatura fantástica, que le ahorró estos problemas tragicómicos, y ante una pregunta de María Esther Vázquez, dice creer que Güiraldes no se interesaba por ese tipo de literatura. Así, implícitamente, Borges relega a Güiraldes al rubro de escritores realistas-costumbristas-regionalistas: en suma, un exponente más de la literatura localista, que él había fustigado en "El Escritor Argentino y la Tradición".

Borges abunda en ironías contra Güiraldes en este texto, pero lo que conviene subrayar aquí, y esto es interesante, es que reconoce que en su infancia, llamar a alguien «gaucho» era un insulto, sinónimo de «bruto». Es evidente que ha habido un cambio radical en esta acepción, ya que en nuestros días sabemos todos que decir de alguien que es «muy gaucho» o que está dispuesto a la «gauchada» significa que estamos hablando de lealtad y generosidad, y en absoluto de limitación alguna de capacidades intelectuales. En este viraje del término -que, notémoslo, seguía conservando su acepción negativa mucho después de aparecido el *Martín Fierro*- muestra el cambio indudable que representó el *Don Segundo Sombra* para el nombre de nuestros gauchos.

Borges remata sus dichos en la entrevista con Vásquez señalando que Güiraldes era pésimo en su autocrítica y consideraba a *Xaimaca* superior a *Don Segundo Sombra*, que tendría éxito -según palabras que le habría dicho él mismo a Borges- sólo porque era «una criollada». Con este testimonio podemos cotejar la carta, testimonio de escrúpulos e incertidumbres, que Güiraldes envía a Larbaud en la víspera de la aparición de *Don Segundo Sombra* (*Obras Completas*, p. 733):

«Tengo que pasar un mal rato: el mal rato que da verse manoseado en público por la crítica. Espero que mis enemigos, que lo son sin motivo, me gratifiquen con sus habituales rebuznos de hostilidad. Por de pronto, dada la forma en que está escrito *Don Segundo*, cuento que se sirvan de él para comentarme protectoramente, señalando la deserción de mi estilo habitual y tal vez felicitándome por una entrada en razón. Allá ellos con su mala voluntad.»

Sí consiente Borges en afirmar: «Qué buen tino tuvo Güiraldes al abreviar Segundo Ramírez Sombra en Segundo Sombra: es como si repitiera dos veces algo de lejanía. ¡Qué lindo título, María Esther! ¡Qué suerte que se le haya ocurrido!». Pero esta afirmación, rematando un artículo donde Güiraldes es representado como un realista ingenuo y un mal crítico de sí mismo, no alcanza a redimir el contexto -resulta claro que estamos muy lejos del Borges que, más de cincuenta años atrás, había saludado a Güiraldes como «primer decoro de nuestras letras».

***

En una entrevista posterior con Roberto Alifano, en 1981, hay una cita que revela las reservas fundamentales de Borges para con Güiraldes, a partir de la influencia de Lugones y la comparación con él:

«Güiraldes era también un gran lector de Lugones. Escribió bajo la influencia de Lugones. Hablábamos mal de Lugones, pero íntimamente todos pensábamos que escribir bien era escribir como Lugones. Creo que eso se nota en *Don Segundo Sombra*. Güiraldes me habló de *El Payador* con mucha admiración, ese magnífico libro de Lugones que yo leí después de él. El libro de Lugones se refiere a un mundo mucho más amplio que el de *Don Segundo*. El mundo de *El Payador* abarca un contexto más azaroso que llega hasta la Conquista del Desierto. En la obra de Lugones pasan muchas cosas; en *Don Segundo* pasan pocas cosas, fuera del tema de la amistad.

Recuerdo ahora que yo le regalé *Don Segundo* a mi amigo, el guapo Nicolás Paredes, que había sido protector de Carriego, y él, tal vez por lealtad a las novelas de Eduardo Gutiérrez o al *Martín Fierro*, se negó a que le gustara. Me contestó entonces: «Dígame, Borges, ¿y ese criollo a qué hora pelea? Yo daba vuelta cada página esperando un hecho de sangre, pero nunca pasaba nada». Toda una definición literaria ¿no? Paredes quería un libro de mucha acción y con duelos a cuchillo, por eso *Don Segundo* lo decepcionó tanto.»

Pero recuérdese que si bien Don Segundo rechaza la provocación de un Tape Burgos borracho, Antenor, en el capítulo XXIII, es impulsado por Don Segundo a un duelo que acabará en la muerte violenta de un desafiador resentido -aun cuando la muerte, lamentable, es lamentada, y Don Segundo señala que la pelea hubiera debido concluir luego de la primera herida recibida por el desafiante. Es decir que Güiraldes no borra totalmente la violencia de su relato ni de la figura de *Don Segundo Sombra* -lo cual sería, desde luego, rayar en la inverosimilitud- pero la administra con la mayor contención posible, como un mal menor que no puede evitarse.

Resulta inevitable acotar aquí las muchas implicaciones indirectas de lo dicho por Borges. Si hay un Lugones que influyó en Güiraldes, es sin duda el del *Lunario Sentimental*, que encuentra su eco en *El Cencerro de Cristal*; si alguien criticó a Lugones, fue Borges, en su juventud, mucho más que Güiraldes. Si dos libros pueden ser distintos, ésos son *El Payador* y *Don Segundo* -el primero un ensayo interesante, cargado de citas eruditas, que Borges jamás se hubiera atrevido a dar a Paredes. Pasan muchas cosas en este libro, pero entreveradas con el estudio de la métrica helénica; ocurren en un lenguaje barroco y elevado que es la antítesis misma de la naturalidad de la prosa y el diálogo de Güiraldes.

Lo interesante es ver la estrategia de Borges en su empresa de progresiva amortiguación de la gloria de Güiraldes, que coincide con la empresa de suprimir los malentendidos de su propia obra inicial y reescribir su propia literatura de una manera distinta y definitiva. Por una parte, como ya lo hemos visto, critica su localismo pintoresquista en "El Escritor Argentino y la Tradición", y de paso, admitida su propia propensión a estos desvíos, se autocensura. Es decir, Borges es supremamente conciente de que al enterrar a Güiraldes debe enterrar una parte importante de sí mismo, y pone manos a la obra sin piedad ni vacilaciones. En ese sentido, su coherencia es inapelable

Por otra parte, al descubrir y denunciar una veta lugoniana en Güiraldes -a mi modo de ver, mucho más tenue que su alegado pintoresquismo- Borges se está abriendo paso y está dándose permiso a sí mismo para incurrir en una tardía admiración por Lugones.

Lamenta Borges en esta entrevista la formación algo apresurada del autor de *El Cencerro*. Lecturas clásicas, Güiraldes -al revés que Lugones- no tenía ninguna, según él. Había leído, sí, a los simbolistas franceses y al Quijote. Presenciamos así este apenas velado desdén de Borges por la formación de Güiraldes, centralmente fundada, además de su innegable y entusiasta conocimiento del francés y su literatura, en los viajes y en la experiencia, en la literatura teosófica -que Borges satirizaba-. Comparada con las vastas lecturas enciclopédicas y anglo-orientadas de Borges, esta caracterización puede muy bien ser una de las claves de su reserva con respecto a la obra de Güiraldes.

Güiraldes leía con fervor a Poe y pudo leer y leyó a Schopenhauer en el original, ya que sabía el alemán tan bien como Borges pudo saber el inglés; su amor por los escritores rusos, en particular por Dostoievsky, era patente. Como puede deducirse por su carta autobiográfica a Guillermo de Torre y por sus escritos en *Proa*, sus entusiasmos eran universales: Joyce y Rubén Darío, la Ilíada y Flaubert, Gide y Lautréamont, Oscar Wilde y Valéry.

La entrevista con Alifano subraya el valor elegíaco de *Don Segundo Sombra*: «Es verdad, todo ocurre en ese libro como si ocurriera por última vez. Hay una doma, y uno siente que es la última doma; hay un arreo de ganado, y uno siente que es el último arreo... Todo pasa por última vez. Güiraldes era un señor criollo, que parece estar despidiéndose de todo con su habitual cortesía. El le dice adiós, con evidente nostalgia, a ese mundo que estaba desapareciendo, a ese mundo que se extinguía lentamente. Yo he tratado de definir a *Don Segundo Sombra* diciendo que no es una novela, sino una elegía, una admirable elegía. (...) hay muchos que dicen que en ningún momento en ese libro se habla de chacras o de granjas. Bueno, a eso habría que responder que *Don Segundo* no es una novela histórica o fielmente descriptiva de una realidad. El libro de Güiraldes está concebido como una elegía de ese mundo ganadero antiguo. Es por eso que no se refiere a lo nuevo. Al final Don Segundo se despide como en toda elegía, y eso recuerda un pasaje análogo de *El Payador*, donde Lugones habla del gaucho que se va con el poncho al viento y con una bandera a media asta. Creo que eso Güiraldes lo hizo intencionalmente para que recordáramos a Lugones, porque él tenía el culto de Lugones.»

El pasaje de *El Payador* que recuerda Borges dice así:

«Dijérase que lo hemos visto desaparecer tras los collados familiares, al tranco de su caballo, despacito, porque no se vayan a creer que es de miedo, con la última tarde que iba pardeando como ala de torcaz, bajo el chambergo lóbrego y el poncho pendiente de los hombros en decaídos pliegues de bandera a media asta...» (p. 62). Como puede observarse, felizmente, la bandera a media asta es sólo una imagen relacionada con los pliegues del poncho paisano.

En otros pasajes celebra Borges la ocurrencia del lóbrego chambergo lugoniano. En otras palabras el viraje es doble, y la distancia con respecto a Güiraldes se irá transformando en admiración creciente por Lugones.

***

En otro importante reportaje con César Fernández Moreno, incluido en el libro de Rodríguez Monegal, *Borges por él mismo*, 1983, leemos que puede lamentarse

«...un defecto capital de *Don Segundo Sombra*. Está lleno de descripciones y esas descripciones no corresponden al narrador.» (p. 195) (Estas críticas coinciden con las de Groussac: «Por debajo del chiripá aparece el smoking» y se aproximan a las de Ramón Doll acerca del «gaucho visto por el hijo del patrón».) Y además: «Con Güiraldes ya se ablandó todo, ¿no? Y en el tango también, comparado con la milonga, es el mismo ablandamiento». Es llamativo que Borges califique de ablande el viraje que produce Güiraldes en la literatura y la prosa narrativa, ablande que compara al del tango -en el que se introduce, según Borges, la sensiblería italiana de los inmigrantes- con respecto a la milonga, que responde al lenguaje bélico y breve de los orilleros. (Recordemos que Borges sólo escribirá milongas, mientras Güiraldes subsiste en París bailando tangos.)

Pero la severidad de Borges no se detiene aquí. *Don Segundo Sombra* satisface una demanda de pintoresquismo y de información (para extranjeros o porteños). (Esta opinión se deduce de una pregunta de Fernández Moreno que Borges confirma.) Y ya sabemos lo que opina Borges sobre el pintoresquismo. Típica de Borges en este sentido es la ironía con que nos dice que «Güiraldes usa una palabra que yo jamás he oído en el campo, que es la palabra «pampa».»

En el mismo tenor, dice Borges que en vez de hablar de gauchos hay que hablar de peones -como se lo indicó alguna vez el escritor uruguayo Enrique Amorim-. Ni Santos Vega, ni Segundo Sombra, sin embargo, son peones; son ante todo y simplemente paisanos. El peón es Fabio Cáceres, en todo caso, y de allí la distancia admirativa que va de un muchacho asalariado al arriero que se contrata pero mantiene su independencia. Hay una diferencia sociológica y psicológica -e histórica- fundamental que va de un resero que se contrata a un peón que se domestica para siempre. «Si sos gaucho, tu alma irá adelante como yegua madrina» -dice Don Segundo al final de la novela- y éste no es el dicho de un peón; es el dicho de un hombre libre, un nómade: un resero.

***

Resumiendo ahora. En una primera instancia, Güiraldes será para Borges el primer decoro de nuestras letras, «toda la pampa hecha varón». Pero al pasar el tiempo será aquél con el cual se ablanda todo, como en el pasaje de la milonga al tango. Será el que explicita excesivamente lo presupuesto. Será el que se alimentaba sólo de Cervantes y de la literatura francesa y que carecía de contactos con la cultura clásica. Quien proyectaba con excesiva generosidad significados impensables en los poemas de Borges y admiraba exageradamente a Valéry Larbaud, aquel segundón según Borges (Valéry Larbaud, otro viajante insaciable, como Güiraldes). También admiraba Güiraldes en exceso a St. John Perse, aquel patán -al decir de Borges- que terminó llevándose el Premio Nobel.

Así, casi imperceptiblemente, de primer decoro de nuestras letras Güiraldes pasa poco a poco a ser aquel muchacho hermoso y memorable que toca la guitarra en un rincón de Quintana, la casa de los Borges.

Los artículos y entrevistas que hemos citado muestran a Borges, como lo hemos visto, cada vez más desapegado e irónico con respecto a la figura y la obra de Güiraldes. Comparado sucesivamente con Hudson, con Kipling, con Mark Twain, con Bioy Casares o con Lugones, Güiraldes será sucesivamente más histriónico o menos vasto, memorable o sofisticado. Así, Borges se irá distanciando críticamente de Güiraldes, del mismo modo que se aleja de su propia juventud. Comprenderá que, con todos sus altibajos, Lugones es un escritor mayor, que es imposible ningunear. Por el contrario, las limitaciones que, como todo escritor humano, Güiraldes padecía, se le harán cada vez más evidentes e intolerables.

Y en cierta manera, del mismo modo que Don Segundo Sombra se va alejando irrevocablemente de Fabio Cáceres, prometido a un destino de estanciero burgués cultivado, Güiraldes, ya muerto, se irá también alejando de Borges, prometido a un destino de hombre de letras mundialmente célebre.

Para Borges, esta desgarrada y desgarrante vuelta del destino fue, con todo, necesaria para asumir su propio y específico talento. Imaginemos lo que hubiera sido un Borges perpetuamente criollista entre nosotros -Borges, que fue siempre, eminentemente, un intelectual porteño, y que probablemente nunca se haya subido a un caballo-. El fugaz criollismo de Borges, concedámoslo, es tanto más un conmovedor homenaje a Güiraldes cuanto más a contrapelo iba del Borges real y existencial, con todas sus limitaciones físicas y sus excelencias y preferencias intelectuales.

En esa promoción continental extraordinaria que se llama Rulfo, Carpentier, Asturias, Arguedas y luego Vargas Llosa y García Márquez -entre tantos otros- Borges es el solitario satélite de un mundo en el que ni la pampa ni Latinoamérica ocupan, ciertamente, un lugar central. Con la derrota de *El Tamaño de mi Esperanza*, Borges se encuentra en verdad con su destino sudamericano -un destino que desde entonces en adelante consistirá en dar la espalda sistemáticamente a Sudamérica.

Pero convengamos en que la distancia formal que Borges asumirá como el rasgo fundamental de su literatura no es innata. La distancia no ha sido necesariamente una elección en Borges, sino una dura lección aprendida en el destino de los años veinte. Después de su entusiasmo ultraísta y su apasionamiento criollista, ambos genuinos e innegables, la distancia de Borges sobreviene sólo luego de la incomprensión de sus compañeros de *Martín Fierro,* el calculado silencio de Lugones, que nunca lo citará en sus escritos, el fracaso de *El Tamaño de mi Esperanza*, y ese terrible abandono que Güiraldes, su predilecto, le inflige involuntariamente al morirse. Pero en la historia de la literatura argentina, la justificada y legítima frustración del Borges veinteañero de 1926, cuando *El Tamaño de mi Esperanza* es rechazado e incomprendido aún por sus amigos y *Don Segundo Sombra* es acaparado por Lugones, repercutirá para siempre.

La mejor defensa de Borges, desde entonces, será instalarse permanentemente en la mirada oblicua, la ironía sagaz, la denuncia al romanticismo o al realismo ingenuo como supercherías que ocultan la verdadera misión de la literatura. A su modo de verla y de ejercerla, la literatura consistirá en construir una realidad sólo simétrica a los sueños, y revelar a la vez la maravilla y la permanente insuficiencia del mundo. Pero el distanciamiento que Borges adopta como táctica central de su discurso puede haber sido también la consecuencia y la respuesta a distanciamientos existenciales, acaso tanto más dolorosos cuanto menos explayados. Así, de una herida real e insoslayable, Borges aprende a extraer genialmente su mejor arma, la que confirmaría a la vez su soledad y su prestigio.

***

Relecturas

Me propongo ahora internarme en dos relatos de Borges a partir de los cuales cabe una lectura comparada, intertextual, con pasajes o situaciones que se presentan en *Don Segundo Sombra*, a fin de evaluar desde cerca y con mayor precisión las distintas visiones y estilos que representan ambos escritores. El primero es "El Sur", que compararé a la célebre despedida final de Don Segundo y Fabio; el segundo, "El Fin", que comparo con el segundo capítulo de *Don Segundo Sombra* y a la vez con el *Martín Fierro*, que es, a mi parecer, el texto del cual ambos relatos se desprenden.

"El Sur": La reescritura de Don Segundo Sombra *por Borges*

En "El Sur", escrita en 1953, Dahlmann, de origen anglocriollo y bibliotecario como Borges, sufre, como Borges en 1938, una herida grave y va a refugiarse al Sur, donde es provocado a un duelo imposible que sin embargo acepta (*Obras Completas*, p. 100). Dahlmann elige así, de un modo prácticamente suicida, la barbarie -como la inglesa cautiva en otro relato de Borges. Percibimos aquí lo que Sarlo llamará el «núcleo amenazante del criollismo» reflejado por Borges, en tanto el mundo criollo o indio toma una revancha sobre el espacio urbano y letrado.

En *Don Segundo Sombra* Fabio, elevado socialmente a la condición de estanciero, se enfrenta también, en la despedida, con Don Segundo, representante de un criollismo diferente al que plantea Borges. El desenlace es distinto en Güiraldes, donde en cierto modo es la quieta y superior indiferencia de Don Segundo, al apartarse de Fabio, la que provoca el desangre metafórico del protagonista. En su final abierto, estilísticamente magistral, Borges sugiere la romántica destrucción de un protagonista urbano y vulnerable en manos de una barbarie que él mismo ha ido -en un arrebato de inconciente jactancia- a desafiar. De algún modo paradójicamente más realista, lo que Güiraldes parece decir en su conclusión es que el maestro siempre desborda al discípulo, y que el llamado bárbaro profesa acaso una lejana compasión por el pueblero que trata de afincarse en sus valores.

En la arquetípica despedida de Fabio y Sombra, el que se desangra no es Sombra sino Fabio -y no se desangra porque la despedida deba ser definitiva, sino porque acaso duda de su propia integridad para preservar los dones que su maestro le ha transmitido: es Fabio quien se va mientras Don Segundo se aleja sin dar vuelta la cabeza. En cierto sentido, Güiraldes no ha descripto la edad dorada del paisano sino para señalar la dificultad que los hijos de la ciudad decadente tienen para arraigarse en ella.

Dice Sarlo: «"El Sur" es al mismo tiempo trágico e irónico. Advierte doblemente que el pliegue que separa dos culturas tiene un filo amenazador. Uno de sus peligros es el romanticismo blando y evocativo del pasado criollo que conduce a una literatura de revival rural pensada sobre la imagen de la edad de oro, evocada por una estética pintoresquista que purifica la barbarie administrándola en un elenco de virtudes que quieren ser heroicas y resultan mediocres». (Aquí es claro que Sarlo, sin nombrarlo, está hablando de *Don Segundo Sombra*. Romanticismo blando y pintoresquismo son precisamente los pecados capitales que Borges achaca, como lo hemos visto, a Güiraldes.)

«Borges escribe que el destino es ciego e implacable con los que se equivocan. Esto se aplica a la ensoñación de Dahlmann y anticipa el desenlace de las adopciones descuidadas. Distraído por el pintoresquismo de la escena rural y la tipicidad de una pulpería, Dahlmann no puede resistir la tentación del duelo que puede ser leído como cumplimiento de un destino pero también como castigo por su bovarismo, porque el criollismo de Dahlmann es, como el romanticismo de Emma Bovary, un efecto superficial y trágico de la literatura tomada al pie de la letra. Ambos sentidos forman el pliegue de la ironía del relato.» (*Orillas*, pp. 106-107).

Es decir, en otras palabras, que es posible leer "El Sur" como un castigo que se autoinflige Borges por su incursión a la vez romántica y bovárica en el criollismo. «Nunca hay final feliz ni mezcla pacífica, sino conflicto», dice Sarlo (p. 107). Yo leo sobre todo expiación. Dahlmann, dice Borges, cultivaba «un criollismo algo voluntario, pero nunca ostentoso», propio de un hombre de ciudad, lector de Las Mil y una Noches». En realidad, el criollismo de los años veinte de Borges, aun sin caer en los excesos del moreirismo, es a la vez voluntario y ostentoso. Lo que parece estar en juego aquí es que, cualesquiera fueran sus calificaciones, este criollismo era ilusorio, y por esto merecía ser castigado.

Pienso a mi vez que cabe imaginar que "El Sur" describe sin complacencias el duelo de un joven poeta con el imaginario colectivo. La bravuconada de *El Tamaño de mi Esperanza* le cuesta a Borges una suerte de muerte o borramiento literario. Hombre de ciudad más apto para otro tipo de fantasía, no puede medirse con las fuerzas bárbaras con las que ha querido inconcientemente -e incoherentemente- retomar contacto, y de las que ha querido sustraer inspiración. Es cierto que no son las metáforas de corte francés reprochadas a Güiraldes las que guían al protagonista de "El Sur", sino las fantasías de *Las Mil y una Noches*, pero el resultado es el mismo: tanto Fabio Cáceres como Dahlmann serán derrotados, sólo que Güiraldes habrá elegido un final incruento y Borges, de acuerdo con sus necesidades y preferencias, uno esperablemente violento -aunque la sangre, muy a la manera de Borges, resulte invisible.

Sarlo, que percibe en este relato ante todo un conflicto, acaba por discernir una dimensión elegíaca en el espacio ficticio que crea Borges: «Toda su literatura está atravesada por la nostalgia porque percibe el pliegue de dos mundos, la línea sutil que los separa y los junta, pero que en su existencia misma, advierte sobre la inseguridad de las relaciones» (*Orillas*, p. 108). A mi modo de ver, no se trata tanto de nostalgia en la tácita descripción de la derrota autoexpiatoria de Dahlmann, como tampoco hay nostalgia en la despedida de Fabio y Sombra, sino más bien una suerte de austero Juicio Final. No es seguro que el recién autenticado estanciero pueda salvaguardar el testamento de sabiduría de Don Segundo; correlativamente, es prácticamente seguro que Dahlmann sucumbirá ante la barbarie de sus agresores. En ambos casos, el hombre ciudadano pierde -salvo que el signo de sus vencedores cambia: lo que es sabiduría con Güiraldes se volverá barbarie para Borges.

***

La Vuelta del Moreno: Borges y Güiraldes reescriben el Martín Fierro

Entre los episodios más interesantes del *Martín Fierro*, ideológica y estéticamente, se encuentran los duelos del protagonista con el Moreno, personaje primero ultimado violentamente por Martín Fierro en un duelo salvaje, y luego reencarnado en la figura de su hermano, que es derrotado a su vez por Martín Fierro en una payada. El propósito al que me atengo aquí es comparar otras dos versiones posteriores -o futuribles posibles- que a partir de estos encuentros con morenos trazan Borges y Güiraldes, versiones que suponen ambas una «corrección» del texto de Hernández.

Como se recordará, en uno de los episodios de la primera parte del *Martín Fierro*, el protagonista ha desertado, y luego de tres años de huida, al regreso a su pago, encuentra su hogar deshecho y su mujer desaparecida. Una noche en que se siente espoleado por la soledad, concurre a un baile y se emborracha. Al mismo baile llega el Moreno con su compañera, a la que Martín Fierro ofende con un juego de palabras llamando -entre líneas- «vaca» a la mujer, que responde airadamente. La discusión prosigue con una malhadada estrofa dicha por Fierro:

> A los blancos hizo Dios,
> A los mulatos San Pedro,
> A los negros hizo el diablo
> Para tizón del infierno.

Cuando el Moreno reacciona, Fierro lo trata de «porrudo» y el duelo se arma con toda su inútil y sangrienta violencia:

> Le coloriaron las motas
> Con la sangre de la herida,
> Y volvió a venir jurioso
> Como una tigre parida.

> ...Por fin en una topada
> Con el cuchillo lo alcé
> Y como un saco e güesos
> Contra un cerco lo largué.

> Tiró una cuantas patadas
> Y ya cantó pa el carnero.
> Nunca me puedo olvidar
> De la agonía de aquel negro.

Comentando el espíritu provocador y racista que asigna Hernández a Martín Fierro en este pasaje -de una excepcional eficacia expresiva, pero asimismo portador de un mensaje discriminatorio muy poco señalado por la crítica oficial- dice Borges en un pequeño ensayo sobre el *Martín Fierro* que, a pesar de lo sustancioso de sus afirmaciones, parece haber pasado bastante inadvertido:

«Desgraciadamente para los argentinos, esta escena es leída con indulgencia o con admiración, y no con horror.»

Quizá lo más trágico del episodio es la reveladora pobreza espiritual a la que se ve reducido el gaucho. Humillado por los porteños, que lo obligan a la leva y luego -en la segunda parte- sometido por los indios, que le infligirán un cautiverio miserable, su única salida para el desquite es el negro. La profunda amistad entre varones -Cruz y Fierro (interesante sintagma de corte católico-militar)- distrae la atención y encubre en parte el desdén hacia el indio, el negro y hasta cierto punto hacia la mujer, homologados en la misma marginalidad. Este desdén significa también el terror del Otro. La complicidad en un destino de desprecio, y el fracaso de varones unidos en una suerte de pacto de lealtad y de coraje, será más tarde la herencia de Borges en relatos como "La Intrusa".

Lo que es notable es que esta cadena de desprecios que se van repicando unos en otros no sólo es típica de la gauchesca de Hernández, sino que la discriminación se eleva a ideología en obras como *El Payador* de Lugones. Recordemos que Lugones, a pesar de su intento de enraizar la tradición gauchesca nada menos que en la épica griega, no creía demasiado en el valor moral intrínseco de su personaje, y esto por razones claramente racistas. Así escribe contundentemente sobre el gaucho en *El Payador*:

«Su desaparición es un bien para el país, porque contenía un elemento inferior en su parte de sangre indígena.» (p. 51)

Güiraldes está lejos de comulgar con esta perspectiva. Hay un pasaje suyo donde presenta y celebra al gaucho como maestro de estilo para nosotros:

«El gaucho dentro de sus medios más limitados es un tipo de hombre completo. Tiene sus principios morales (...).

Tiene sus artes, ampliamente representadas por su platería de ensillar; por sus tejidos, (...) sus trabajos en asta y hueso, sus trenzados.

Tiene su prosa, en sus cuentos de fogón (magia por lo general) (...) Tiene su poesía en sus relaciones jocosas que declama en fiestas como un juego de gracia e ingenio. (...)

Tiene sus danzas, extraordinarias de donaire y lujuria.

Tiene su traje y sus adornos y sus lujos.

Y tiene algo que pocos tienen: un estilo para moverse que implica estética, educación y respeto de sus propias actitudes.

Si nuestra ciudad y nuestra tan sonada cultura hubiesen llegado a expresarse tan armónicamente tendríamos derecho de mirarlos desde arriba. Y entonces no lo haríamos porque ése es un gesto de parvenus.» (*Obras Completas*, p. 732).

***

Dentro de esta perspectiva, resulta reveladora la reescritura del tema del racismo y de la violencia criolla, tal como están dados en la primera parte del *Martín Fierro*, en el segundo capítulo de *Don Segundo Sombra*. A mi modo de ver, éste es el capítulo crucial del libro -del cual, como ya lo señalamos, Borges dijo algunas décadas después de su publicación -curiosa pero significativamente- que se trataba del capítulo menos convincente del libro.

Fabio Cáceres, el adolescente que ha huido de sus viejas tías solteronas y del ambiente mezquino del pueblo, se cruza en la noche con un desconocido que lo sorprende y lo deslumbra. «Me pareció haber visto un fantasma, una sombra, algo que pasa y es más una idea que un ser, algo que me atraía con la fuerza de un remanso, cuya hondura sorbe la corriente del río.» Llegado a la pulpería La Blanqueada, Fabio pregunta al pulpero sobre la identidad del forastero.

Este pasaje es decisivo. Lo primero que pregunta Don Pedro es: «Decime ¿es muy moreno?». «Me pareció, sí señor... y muy juerte». «El es de San Pedro... dicen que tuvo en otro tiempo una mala partida con la policía». A partir de estas señales se desarrolla el famoso episodio inicial: el Tape Burgos, ya borracho, provoca a Don Segundo desde el mostrador diciendo:

En el pago 'e San Pedrino
el que no es mulato es chino.

135

Recordemos que en el *Martín Fierro* el duelo se provoca precisamente cuando Fierro dice al Moreno que los blancos son criaturas de Dios, los negros del Diablo, y los mulatos provienen de San Pedro.

Para mayor paralelismo, el Tape -en un juego de palabras- llama «bagre» a Don Segundo, del mismo modo que Fierro había llamado «vaca» a la acompañante del Moreno. Como sabemos, Don Segundo ignora olímpicamente al Tape, y sólo a la salida se produce un amago de ataque por parte de éste -ataque del cual Fabio previene a Don Segundo-. Este desarma rápidamente al Tape y le perdona la vida, lo que ofusca aún más al provocador, que queda humillado y perplejo.

Lo que deslumbra a Fabio, precisamente, es el hecho de que Don Segundo, desafiado por el Tape Burgos en términos groseramente agresivos por su color oscuro, desiste de toda revancha y se marcha tranquilamente sin prestarle más atención que una displiscente misericordia. Esta es «la fuerza del remanso cuya hondura absorbe al río»: esa fuerza es precisamente la que fascina a Fabio.

Aquí hay un tajante contrapelo a la tradición gauchesca, un llamado a la no-violencia en que está todo Güiraldes, el Güiraldes que admiraba a Mahatma Gandhi y el Güiraldes enraizado religiosamente en el hinduismo -el Güiraldes que se expresará luego aún más plenamente en esta dirección en *El Sendero* y en los *Poemas Místicos*. Este texto es la antítesis o la tachadura del duelo de Martín Fierro con el Moreno, y produce una especie de hiato inesperado, un quiebre de respiración en la esperada violencia de la tradición gauchesca de los duelos.

***

En la segunda parte del poema de Hernández, otro Moreno, que resulta ser hermano del primero, desafía en venganza a Martín Fierro, en una payada extraordinaria que acaba con gran tensión dramática, pero sin desenlace trágico, con la derrota no violenta del Moreno. En cierto modo Hernández reitera así dos veces la victoria del protagonista blanco sobre un hombre moreno, primero en forma violenta, luego en forma pacífica, por la superioridad alegadamente demostrada en el talento de payar.

El descrédito con que suele juzgarse la segunda parte del *Martín Fierro*, en comparación con la primera, ha dejado relativamente en la penumbra esta magnífica payada -sobre la que hay mucho que decir-. Hay, sin embargo, una versión de Borges que continúa el relato de Hernández, versión señalada primero por Josefina Ludmer (*Desafío y lamento, los tonos de la patria. Borges ante la ley*, 1989) y retomada luego por Beatriz Sarlo (*Orillas*, 1995).

Sarlo señala que Borges interpreta de dos maneras el *Martín Fierro*, una a nivel crítico y otra a nivel narrativo, releyendo y reescribiendo la vuelta del Moreno es en "El Fin" (1953) -uno de sus relatos más hermosos. Sarlo cita aquí pertinentemente a Harold Bloom:

«Un poeta completa antitéticamente a su precursor, leyendo el poema padre de modo que se retienen sus términos, pero se los hace significar de modo diferente, como si el precursor no hubiera podido ir suficientemente lejos.» La idea aparece en Fenichel, citado también por Bloom: «...se toma una actitud que contradice la original» y «en el proceso de deshacer, se da un paso más. Se hace algo positivo que, en realidad o mágicamente, es lo contrario de algo, que en la realidad o en la imaginación, fue hecho antes.»

Este tipo de reescritura es la que guía tanto a Borges como a Güiraldes al retomar, cada uno a su manera, el texto de Hernández. Ambos trascienden, efectivamente, el escenario original del *Martín Fierro*, para proponer sus versiones antitéticas del encuentro con el Moreno.

En "El Fin", Borges imagina una tercera instancia en la cual el Moreno y Martín Fierro se reencuentran, a siete años de la memorable payada. Esta vez, es Martín Fierro quien morirá a manos del Moreno. Es decir, estamos ante una igualación poética de destinos en la que el Moreno, primero víctima, se vuelve al fin victimario, por una suerte de justicia retributiva. También se convierte el Moreno en el doble de Martín Fierro, porque, como Martín Fierro, él también se ha «disgraciao».

Con este relato, Borges no sólo narra el fin del protagonista, Martín Fierro, sino que de alguna manera intenta terminar simétrica y justicieramente el sentido de la epopeya: si el final de Hernández señalaba una suerte de sublimación del duelo violento en duelo de poesía, "El Fin", de Borges, restablece el duelo de sangre como única salida válida y posible del conflicto, con la particularidad de que opera en este caso una suerte de venganza del destino, y esta vez el matador es el Moreno y el matado Martín Fierro.

Pero la simetría que le interesa a Borges, tal como está expresada en las líneas finales, no es tanto la equivalencia de un blanco muerto con un negro muerto, como la de un negro culpable con un blanco culpable. No es la muerte definitiva de Martín Fierro sino el horizonte infinito de fuga y culpa que adviene al Moreno lo que cierra la historia -típicamente borgesiana, en el sentido de que lo que contemplamos en la figura del vengador es la aparición de un doble, condenado a repetir indefinidamente la historia de su asesino-. Así cierra magistralmente Borges su relato:

«Cumplida su tarea de justiciero, ahora era nadie. Mejor dicho era el otro: no tenía destino sobre la tierra y había matado a un hombre.»

En la segunda parte del *Martín Fierro*, Hernández muestra un gaucho civilizado y en cierto modo decepcionante -un gaucho sarmientino, comentará sarcásticamente Borges-. El retorno a la violencia que escoge Borges devuelve al personaje a un realismo más acorde a las circunstancias esperables y sobre todo, en el sentir de Borges, más aceptables estéticamente. Donde Hernández sublima definitivamente el duelo de sangre en duelo de palabras, Borges añade metonímicamente al duelo de palabras un tercer duelo, esta vez de sangre, y el tiempo circular de los mitos se cumple así inexorablemente. Es decir, la última aparición del Moreno será cruenta, como la primera.

***

Como lo hemos visto, es el duelo originario de Martín Fierro y el Moreno en la primera parte el que reescribe Güiraldes. La idea de reescribir el *Martín Fierro* en este aspecto es, por lo tanto, primigenia en Güiraldes.

Si se me permite aquí un breve apartado, diría que de hecho podemos hipotetizar que Borges, en "El Fin", no sólo se propone reescribir la vuelta del Moreno en Hernández, sino también la vuelta del Moreno en Güiraldes -de modo que con "El Fin" estamos en realidad ante un doble espejo antitético-. Una indicación en este sentido podría estar dada por la memorable descripción que hace Borges del paisaje en que ocurre el duelo:

«Hay una hora de la tarde en que la llanura está por decir algo: nunca lo dice o tal vez lo dice infinitamente y no lo entendemos, o lo entendemos pero es intraducible como una música...»

Esta frase tiene una melodía interior que es y no es borgesiana, y que por el sentimiento parecería aproximarse mucho más al espíritu del *Don Segundo Sombra*. Yo leo -o acaso proyecto- en esta frase una suerte de reverencia cordial y distante de Borges a Güiraldes, su antiguo compañero de *Proa*, su camarada en un programa de criolledad que quedó sin cumplirse totalmente. Es indudable que Borges escribe mejor que Güiraldes, pero acaso sin el antecedente que significó Güiraldes nunca hubiera podido escribir estas líneas extraordinarias y extraordinariamente conmovedoras en su pureza y sencillez.

Si Borges actúa por metonimia, agregando un capítulo final al segundo encuentro del Moreno y recreando una catarsis sangrienta, más afín con sus propias preferencias estéticas, Güiraldes actúa por metáfora y sustitución, reemplazando un duelo sanguinario e inútil con un borracho mediante un ademán de suprema libertad y serenidad -que es, precisamente, lo que deslumbra a Fabio-. En ambos, sin embargo, tanto en Borges como Güiraldes, se cumple una revancha mítica con respecto al texto de Hernández, en el sentido de que en ambos es el Moreno quien vence por fin al blanco -pacíficamente en Güiraldes, sangrientamente en Borges.

Esto condice perfectamente con la tesitura pro-cuchillera de Borges, explícita en poemas como "El Tango":

«¿Dónde estará (repito) el malevaje
que fundó en polvorientos callejones
de tierra o en perdidas poblaciones
la secta del cuchillo o del coraje?
¿Dónde estarán aquellos que pasaron
dejando a la epopeya un episodio
una fábula al tiempo, y que sin odio
lucro o pasión de amor se acuchillaron?»

En *El Tamaño de mi Esperanza*, Borges se había repartido con Güiraldes la creación del nuevo paisaje argentino: quede la pampa para Güiraldes y él se reservará el mundo de las orillas. Pero detrás de esta división -y acaso sin preverlo Borges ni Güiraldes- surge otra: la del topos clásico campo versus ciudad, donde el campo ya no es barbarie sino que la barbarie se traslada a la ciudad, foco de violencia -mientras que el campo, en la visión de Güiraldes, es irradiación de sabiduría primitiva y paz espiritual.

En la vuelta del Moreno ambos, Borges y Güiraldes, juegan su carta estética y personal. A Borges el final pacifista de Hernández le resulta ineficiente y acaso hipócritamente frustrante. Lo que entiendo que cuenta en Borges, en "El Fin", es un motor permanente de su escritura, que es el despejar la sospecha de la cobardía y el expresar la atracción por el enfrentamiento físico personal y por el riesgo de la aceptación del duelo.

En Güiraldes la tesitura es muy otra. Güiraldes había experimentado el racismo en carne propia, al ser tratado de *métèque* en París, por ejemplo, en un episodio callejero que acaba a las trompadas, propinadas por Güiraldes -que boxeaba profesionalmente- y con el alejamiento de los agresores. El ser sospechado de cobardía nunca fue su tema ni su experiencia. Su estética no descartaba el conflicto físico, como lo comprueban, acaso demasiado evidentemente, los *Cuentos de Muerte y de Sangre*. Pero su veta más profunda y acaso su contribución más original a la literatura criolla se vuelcan en un memorable personaje que encauza la violencia «como el remanso que absorbe el río».

Retomando las palabras de Bloom, ambos, Güiraldes y Borges, sintieron que Hernández, el precursor al que ambos admiraban y del que ambos provenían, no había ido suficientemente lejos. Pero Borges sintió que Hernández no había ido suficientemente lejos en la violencia, mientras que Güiraldes sintió que Hernández no había atisbado una sabiduría posible. A su vez, Borges juzgó, con su amigo Nicolás Paredes, el caudillo de barrio que lamentaba la ausencia de peleas en *Don Segundo Sombra*, que la violencia rinde más, literariamente, que la sabiduría.

Y el juicio de la literatura, como el de la historia, queda abierto en este punto.

***

Tercera Parte: Otra vuelta de tuerca

La canonización de Lugones por Borges

Con el tiempo, Borges no sólo desanduvo sus agudas críticas contra Lugones sino que llegó a reconocer la deuda generacional que él y sus compañeros tuvieron con él. Así se expresa en su libro sobre Lugones, escrito en colaboración con Bettina Edelberg:

«Lugones publicó el *Lunario* en el año 1909. Yo afirmo que la obra de los poetas de *Martín Fierro* y de *Proa* (...) está prefigurada, absolutamente, en algunas páginas del *Lunario* (...) Lugones exigía, en el prólogo, riqueza de metáforas y de rimas. Nosotros, doce y catorce años después, acumulamos con fervor las primeras y rechazamos ostentosamente las últimas. Fuimos los herederos tardíos de un solo perfil de Lugones. Nadie lo señaló, parece mentira.» Añade Borges que el desinterés de Lugones por la obra de esa generación le parece razonable: el ejercicio de la metáfora se había desgastado y el verso libre podía merecer su desaprobación.

«¿Y nosotros? No demorábamos los ojos en la luna del patio o de la ventana sin el insoportable y dulce recuerdo de alguna de las imágenes de Lugones; no contemplábamos un ocaso vehemente sin repetir el verso: «Y muera como un tigre el sol eterno.» Yo sé que nos defendíamos de esa belleza y de su inventor. Con la injusticia, con la denigración, con la burla. Hacíamos bien: teníamos el deber de ser otros.» Y después de afirmar la contemporaneidad esencial del *Lunario*, a quince años de distancia, con *Fervor de Buenos Aires* y otros poemarios de aquella época, añade Borges:

«Es muy sabido que no hay generación literaria que no elija dos o tres precursores: varones venerados y anacrónicos que por motivos singulares se salvan de la demolición general. La nuestra eligió a dos. Uno fue el indiscutiblemente genial Macedonio Fernández, que no sufrió de otros imitadores que yo; otro, el inmaduro Güiraldes del *Cencerro de Cristal*, libro donde la influencia de Lugones -del Lugones humorístico del *Lunario*- es un poco más que evidente. Por cierto, el hecho no es desfavorable a mi tesis.»

La maestría de Lugones, a través del drenaje del tiempo, deja entrever a Borges la inmadurez del Güiraldes del *Cencerro* -por cierto una obra menorantes celebrado en *El Tamaño de mi Esperanza*. Al parecer, si Güiraldes pudo ser un precursor (varón venerado y venerable) para los jóvenes de *Martín Fierro*, es porque secretamente, desde los balbuceos de una obra de juventud, aseguraba el vínculo con el escritor detestado y admirado a la vez, Lugones.

Borges va más lejos aún: deponiendo iracundias juveniles, dirá del otrora denostado *Romancero* que es un libro «donde el lirismo de Lugones llega a su plenitud». Pero estamos en 1955, una fecha crucial. Borges es famoso y han pasado treinta años. Y no en vano.

***

En cuanto a la actitud de Güiraldes hacia Lugones, dice Vignale en el testimonio recogido en mi libro (p. 116) que, dentro de *Martín Fierro*, el autor de *El Cencerro* respetaba a Lugones y salía a veces en su defensa, pero lo que defendía en él ante todo era su empeño de encarecer lo argentino. El entusiasmo de Güiraldes, con todo, era relativo: en los doce números de *Proa* capitaneados por él, Lugones es mencionado una sola vez.

Relevante aquí es la anécdota de Güiraldes quien, hacia 1915 -diez años antes de la aparición del periódico *Martín Fierro*- concurre a la Biblioteca Nacional para mostrar los borradores de *El Cencerro de Cristal* al maestro cordobés. Lugones lee, estudia, crítica la puntuación, los galicismos, y finalmente aprueba. «Vuelva mañana. Los chicos piden más.» Y Güiraldes parte azorado de alegría a retrabajar sus originales.

La tempestad desencadenada contra el *Cencerro* no incita a Lugones a defender a Güiraldes. Pero algo de diez años más tarde, cuando *Don Segundo Sombra* aparece, es un Lugones colérico contra Borges quien unge a Güiraldes. Y *Don Segundo Sombra*, de la mano de Lugones, entra firmemente en la gloria.

***

Lugones, aborrecido en *El Tamaño de mi Esperanza*, pasa a ser con el tiempo un modelo de literatura posible para Borges. Recordemos la célebre y marmórea frase inicial de su nota necrológica a la muerte de Lugones, publicada en *Nosotros*:

«Decir que ha muerto el primer escritor de nuestra república, decir que ha muerto el primer escritor de nuestro idioma, es decir la estricta verdad y es decir muy poco.»

En esta nota señala Borges los cambios múltiples de Lugones, que acaso espejan, en parte, sus propios cambios. Recordemos que también la cambiante evolución política de Borges lo aproximará con el tiempo a Lugones y a su vocación por la hora de la espada. Giro decisivo, ya que en sus comienzos, junto con algunos de sus colegas de *Martín Fierro*, Borges había apoyado a Yrigoyen. Pero Borges se recuperará con el tiempo de sus opciones políticas, mientras que Lugones no llegará a hacerlo.

En el último y memorable capítulo de su libro sobre Lugones dice Borges que si *Facundo* y *Martín Fierro* significan más para los argentinos que cualquier libro de Lugones, su *Historia de Sarmiento* y *El Payador* comprenden de algún modo y superan aquellos libros fundamentales. Notemos la omisión de *Don Segundo Sombra* en la secuencia de libros significativos para los argentinos. Los espléndidos párrafos finales inevitablemente hacen pensar en una comparación implícita que hace Borges de Lugones consigo mismo:

«Lugones encarnó en grado heroico las cualidades de nuestra literatura, buenas y malas. Por un lado, el goce verbal, la música instintiva, la facultad de comprender y reproducir cualquier artificio; por el otro, cierta indiferencia esencial, la posibilidad de encarar un tema desde diversos ángulos, de usarlo para la exaltación o para la burla (...) Lugones está, por decirlo así, un poco lejos de su obra; ésta no es casi nunca la inmediata voz de su intimidad sino un objeto elaborado por él. En lugar de la inocente expresión tenemos un sistema de habilidades, un juego de destrezas retóricas. (...) Acaso es lícito ir más lejos. Acaso cabe adivinar o entrever, o simplemente imaginar la historia de un hombre que, sin saberlo, se negó a la pasión y laboriosamente erigió altos e ilustres edificios verbales hasta que el frío y la soledad lo alcanzaron. Entonces, aquel hombre, señor de todas las palabras y de todas las pompas de la palabra, sintió en la entraña que la realidad no es verbal y puede ser incomunicable y atroz, y fue, callado y solo, a buscar, en el crepúsculo de una isla, la muerte.»

***

Naturalmente, Borges matiza su admiración literaria por Lugones con el inventario de sus limitaciones humanas: «Era autoritario, soberbio y reservado», dice en el Prólogo a la *Antología Poética de Lugones*. Señala, sin embargo, que Lugones fue generoso al incluirlo como vocal en la Sociedad Argentina de Escritores, de la cual era Presidente: todo el mundo sabía de la poca amistad mutua entre ambos. Añade que nunca medró con sus cambios políticos: «fue siempre un hombre honesto». Según Borges, Lugones, hombre sencillo, se labró un estilo complejo; incapaz de la duda o de la ironía, era fácilmente fanático. El remate del prólogo no deja lugar a dudas: «La obra de Lugones es una de las máximas aventuras del castellano».

Como lo ha observado Carlos López, en la vanguardia martinfierrista hubo una distribución tácita de roles: Girondo era el oficiante, Borges el atacante. Es indudable que Borges, primero antagonista de Lugones, se convierte luego en su sucesor. Recíprocamente, Lugones, su bestia negra, se convertirá en su precursor. Como ocurre en estos casos, hoy leemos a Lugones, inevitablemente, desde Borges. Primero antagonista y luego sucesor, Borges fagocita en cierto modo a Lugones y lo transforma en la estrella que lo precede y lo anuncia en el firmamento de la literatura argentina.

De todas las «sucesivas y contradictorias lealtades» que reconoce Borges haber ejercido, de todas aquellas que lo han desgarrado, quizá la que sostuvo con Lugones fue la más notable, la más meditada y una de las más ricas literariamente. La que mantuvo con Güiraldes, en cambio, la más profunda, la más ambivalente y desgarrante.

***

Don Segundo Sombra *y la crítica*

El demonio de la armonía

Dos notas fundamentales recorren la crítica -en su mayor parte de origen académico- que ha recibido *Don Segundo Sombra*, en particular desde el ideario marxista de los años sesenta. La primera nota acusa a la visión de Güiraldes de cierto arcaísmo y de una complaciente nostalgia negadora de cambios. La segunda, más acerba, lo describe como cómplice clasista de una oligarquía que ofrece un farisaico incienso a los héroes populares, luego de haberlos incinerado.

La versión más indulgente señala la idealizante voluntad de anacronismo de Güiraldes, que se habría refugiado en la visión de un campo considerablemente anterior a la época de escritura de su novela con el propósito -deliberado o inconciente- de omitir los conflictos presentes y de proponer una versión tranquilizante del mundo rural y las relaciones idílicas que este mundo aparentemente posibilitaba.

Esta actitud está representada, por ejemplo, en el concienzudo análisis de Noé Jitrik (*Escritores argentinos. Dependencia o Libertad*, 1967), que reconoce explícitamente la belleza del libro, pero no deja de señalar que responde, básicamente, a las expectativas e intereses sociales y estéticos de una clase amenazada por el remolino inmigracional, ávida de signos de identificación cultural con el poderío del grupo terrateniente. *Don Segundo Sombra* representa lo que la sociedad argentina quería escuchar; se propone complacer más que inquietar, y no propone ningún cambio, sostiene Jitrik críticamente. Conceptos semejantes había vertido Ismael Viñas en su crítica previa de *Contorno*.

Dentro de esta línea podemos ubicar también la crítica de Sarlo cuando dice: «La idea de una utopía o edad dorada se esgrime siempre dentro de las corrientes críticas del capitalismo que responden más bien a una orientación reaccionario-espiritual, ya que no plantean políticas de reemplazo. Frente a la inseguridad de la ciudad, el campo resplandece de armonía y garantías de tranquilidad y autodomimio espiritual. Aquí se engarza el proyecto de Güiraldes (...) En la utopía rural no hay escisión entre hombre y naturaleza. Esta utopía requiere personajes reconciliados. El paisaje es un producto de la mirada (Raymond Williams). Es una producción opuesta al trabajo, que organiza la naturaleza con objetivos distintos a los del trabajo. El paisaje pertenece al mundo de las convenciones de la estética» (…) Prosigue Sarlo: «Se trataría de una nueva historia de Raucho. Borges, con la precisión que su poca simpatía por el texto le inspira, lo sitúa correctamente en el tiempo:

«La fábula transcurre en el norte de la provincia de Buenos Aires a fines del siglo XIX o a principios del XX; ya la chacra y el gringo estaban ahí, pero Güiraldes los ignora.» (*Sur*, n° 235, julio-agosto 1955, pp. 88-89)». Sarlo no incluye el resto de la cita de Borges, que ya hemos mencionado, y que en su totalidad es algo más benigna: «Güiraldes no deplora esa conversión» -la de la ganadería a la agricultura- «ni parece notarla, pero su pluma quiere rescatar el pasado ecuestre de tierras descampadas y de hombres animosos y pobres».

Sarlo señala correctamente que el ganado guampudo que describe Güiraldes casi no existía en la época, porque animales con ese tipo de cuernos eran difíciles de transportar en vagones. (Por otra parte, añadimos nosotros, el alambrado evidentemente impedía los arreos, y los camiones y el ferrocarril reemplazaron paulatinamente a los reseros.) Además, como lo dice Sarlo, ya en el *Cencerro* anunciaba el mismo Güiraldes la desaparición del gaucho: «Pero hoy el gaucho, vencido, galopando hacia el olvido se perdió...» (*Una modernidad periférica*, p. 35).

Es verdad que Güiraldes describe una etapa anterior a su libro. Sylvia Molloy dice acertadamente que lejos de ser la novela de la democracia rural -como lo escribe Larbaud- *Don Segundo Sombra* es la novela de una aristocracia en vías de extinción, la de los gauchos del estilo de Segundo Sombra, que se niegan a ser domesticados (p. 134). La democracia significaría mestizaje de criollos e inmigrantes, pasaje de ganadería a agricultura, incorporación de nuevas técnicas -y a todo esto se opone *Don Segundo Sombra*.

Por cierto el gaucho, desalojado en parte por el inmigrante luego de haber sido diezmado por la política porteña de fines del siglo XIX, estaba en vías de extinción para la época en que Güiraldes escribía el *Don Segundo Sombra*. Pero si hay corrientes espirituales reaccionarias dentro del capitalismo que reclaman el retorno idealizado de figuras como las del gaucho, como dice Sarlo, por carecer de perspectivas de reemplazo, tampoco podemos soslayar lo que las llamadas políticas progresistas del capitalismo, con claras y enérgicas ideas acerca de las posibles estrategias de reemplazo, hicieron con él.

No podemos dejar de recordar, por ejemplo, las prevenciones de Sarmiento cuando decía que el gaucho debe ser removido -ante todo pacíficamente, mediante la educación- ya que es un obstáculo fundamental contra el desarrollo moderno -o sea capitalista- porque no produce ni consume. En otros términos, el gaucho debe convertirse en un trabajador semejante al inmigrante o desaparecer: ésta es la política de reemplazo que efectivamente tuvo lugar entre nosotros. Como cabía esperarlo, esta política exigió su precio. Hacia 1870, como lo recuerda Borges en su libro sobre el *Martín Fierro*, un hombre que se hacía llamar Tata Dios, y que no concordaba con la política de reemplazo propuesta por Buenos Aires, hizo masacrar en Tandil a cerca de setenta inmigrantes. Esa fue la respuesta gaucha a las corrientes llamadas progresistas del capitalismo. Ninguna novela argentina, reaccionaria o marxista, clásica o no, parece haberla recogido.

***

No hay ninguna duda de que Güiraldes, en ocasiones, se vio llevado por una voluntad de pasatismo inmovilizante, pero los ejemplos más manifiestos no se encuentran en *Don Segundo Sombra* –que rescata una historia del pasado como reliquia vital antes que como programa de futuro posible. En *El Cencerro de Cristal* aparece un díptico, *La Estancia Vieja* y *La Estancia Nueva*, donde Güiraldes ostenta sin ningún disimulo su adhesión a formas arcaicas de la vida rural, contrastando a un patrón-patriarca que suscita un milagro pluvial atando a una virgencita a un poste, con un rico ganadero que se esfuerza en formar cabaña, y acaba obteniendo un magnífico premio por un toro que resulta ser pésimo reproductor. Estos dos textos representan, aparte de la evidente pobreza de su prosa y de su composición narrativa, una decidida oposición por parte de Güiraldes tanto al progreso como al ingreso de los inmigrantes al trabajo rural.

En *Don Segundo Sombra*, este tipo de consideraciones se ve relegado a segundo plano. Los inmigrantes -caricaturizados extensamente en la literatura de la época- aparecen sólo esporádicamente en la novela, aun cuando, como lo ha notado Laura Mogliani en una interesante ponencia, es cierto que en esas escasas veces están señalados negativamente. Si tampoco aparecen alambrados y otras señas de progreso técnico, es porque Güiraldes decidió anclarse en una llanura anterior a la de su tiempo -del mismo modo que la ciudad de *Fervor de Buenos Aires* está decididamente dibujada de espaldas al presente y Borges, en su prólogo a este poemario, aleja deliberadamente a sus poemas de lo «extranjerizo» y de «la universal chusma dolorosa de los puertos».

Así lo ha señalado Olea Franco, al decir que el utopismo arcaizante y armonizante -el mismo que se le reprocha a Güiraldes- existe en el Borges de F*ervor de Buenos Aires* y *Luna de Enfrente* -poemarios que contrastan con la poética urbana de Yunque o Storni o los González Tuñón, escritores que reflejaban la ciudad actual, con la perturbación del industrialismo y los conflictos sociales que la inmigración representaba para todos los sectores incluidos en el proceso de actualización de la sociedad moderna.

Eduardo Romano señala con razón la índole programática de la adscripción de Borges a este mundo de esencias utópicas: «Borges escribe en *Proa* acerca del carácter poetizable de cosas arquetípicas (a diferenciar de las típicas), es decir, cosas no sujetas a las contingencias del tiempo y atribuye valor «totémico» a la pampa y el arrabal, siguiendo sugerencias de O. Spengler y F. Graebner, mencionados expresamente».

Dice Romano, hablando de Borges y Güiraldes: «El criollismo que ambos propiciaban, en cuanto arquetípico, negaba la actualidad: el gaucho de *Don Segundo Sombra* es, digamos, preferroviario e ignora los cultivos; el malevo borgeano, preinmigratorio. Tal corte temporal impone a sus escritos un tono nostálgico, de raíz coloquial, forjado en la conversación hogareña de las familias patricias y que rehuye por igual el arcaísmo hispanizante y los modismos del habla popular rural» («Lectura intratextual", pp. 319-320).

Sobre todo en *Fervor de Buenos Aires*, anterior y a mi juicio hasta cierto punto inferior a *Luna de Enfrente*, vemos representada una ciudad idealizada y ciertamente inexistente en la época en que Borges la describía, una ciudad en cierto modo abstracta que, como lo ha notado Amelia Barona, recuerda a veces los cuadros de Torres García. La versión poética de Borges no propone ningún cambio, ni denuncia tampoco las muchas injusticias patentes en la ciudad de los años veinte.

Notemos asimismo que esta actitud no es casual en Borges, que la establece como estética. En uno de los prólogos al *Martín Fierro* escribe: «Una función del arte es legar un ilusorio ayer a la memoria de los hombres». Hay que advertir también que la teoría de la nostalgia de *Don Segundo Sombra* proviene del mismo Borges, aún cuando en él no existe, naturalmente, ningún reproche sociológico en este sentido. En su entrevista con Alifano, ya citada, Borges señala el carácter de permanente despedida que tiene el libro, una despedida que Güiraldes, que es un señor criollo, realiza con su habitual cortesía. Por esto Borges llama a *Don Segundo Sombra*, como lo hemos visto, no una novela, «sino una elegía, una admirable elegía». La nostalgia que señala Borges en Güiraldes no es, evidentemente, una nostalgia culposa o culpable. Es la misma que Sergio Piñero percibe cuando llama memorablemente a *Don Segundo Sombra* «canto puro, lejano e ido, semejante a un alba».

Esta nostalgia sería leída de otra manera, como lo veremos, por los críticos posteriores.

***

Güiraldes comprendió o intuyó que una carga ideológica como la del díptico del *Cencerro*, o las tensiones sociales que no vaciló en reflejar en sus *Cuentos*, poco condecían con la poética de su novela, que estaba destinada ante todo a celebrar un encuentro en donde un hombre de campo lega a un hombre de ciudad lo mejor de una herencia: el tipo de herencia que no había sido enunciada hasta entonces en ningún lugar de la literatura narrativa o poética, y que en vano buscaríamos en las páginas del *Martín Fierro* o de *El Payador*.

Pero puede decirse en cambio, sin exageraciones, que Güiraldes había sido un decadente hasta *Don Segundo Sombra*: *Raucho* y *Xaimaca* son novelas vacilantes y en muchos sentidos autocomplacientes. Lo que afirma la fuerza de *Don Segundo Sombra* es, precisamente, la decidida voluntad de despejar las ondas melancólicas del decadentismo y optar de frente por esa «vida nueva, hecha de movimiento y de espacio», que puede enamorar a un adolescente o a un poeta. En este sentido me permito diferir de Sarlo o de Jitrik, porque no creo que el poder de resonancia de *Don Segundo Sombra* haya residido sobre todo en su valor tranquilizante, sino, por el contrario, en su mensaje de estoicismo dinamizante.

Junto a la voluntad de arcaísmo se desprendería en Güiraldes, según los críticos, el aura de nostalgia que caracteriza su novela. Combinación de felicidad y nostalgia parece ser la fórmula de *Don Segundo Sombra*, según Sarlo. La nostalgia, como ya lo hemos visto, se difunde a partir de la evocación luminosa de un pasado irretornable. La felicidad provendría en cambio del cruce de lo gaucho y de lo guacho, de lo criollo y lo simbolista. «En un momento de valores inciertos, de mezclas sociales y raciales vividas como peligrosas, inestables y amenazadoras, el mensaje tranquilizador de *Don Segundo Sombra* ratifica síntesis legítimas, resolviendo en lo imaginario tensiones bien diferentes», dirá Sarlo. Síntesis catártica: se puede ser gaucho y refinado a la vez. Güiraldes lo era y ofrecía el modelo indisputable.

A mi modo de ver, en la lectura que *Don Segundo Sombra* ofrece a más de setenta años de su aparición, cuando casi todos los protagonistas mayores de la novelística argentina están expuestos por igual a un anacronismo irremediable en términos contemporáneos, no es tanto la nostalgia lo que campea sino una suerte de alegre energía. La mixtura fundamental no se da aquí, a mi entender, entre melancolía temática y felicidad estilística, como sugiere Sarlo, sino en una más rara y preciosa combinación, que es propia de Güiraldes como escritor y como persona. Esta mezcla se da por la convivencia natural de un ritmo suelto, desconocido hasta entonces en la novela argentina, con una apuesta vital por un estoicismo despojado, una frugalidad independiente, una suerte de llamado premonitor en coincidencia con ciertos puntos programáticos que el ecologismo de nuestro tiempo propone.

La impresión que se tiene es que Güiraldes ha escrito este libro sintiéndose como pez en el agua, inspirado por un ambiente que le era congénito y por un lenguaje que estaba construyendo a partir de sus modelos predilectos, mezcla del habla de sus paisanos y de la lírica de sus maestros franceses, en una lengua francesa y cimarrona al decir de Borges, con una síntesis propia. Si el desafío era fuerte, como lo muestran las múltiples correcciones de los originales, minuciosamente estudiadas y establecidas por Elida Lois en la edición crítica de Archivos publicada por Paul Verdevoye, la escritura de este libro se dio para Güiraldes en un contexto en el cual el placer de comunicarse con las fuentes de su inspiración en forma inmediata parece haber sido más fuerte en él que el esfuerzo requerido para llevar a término su novela. Retomando los términos de Raymond Williams que cita Sarlo, diríamos que aquí, excepcionalmente, el trabajo mismo se convierte en mirada, y trabajo y paisaje no se oponen, porque cada uno nace del otro y con el otro se confirma.

Algo de esta ausencia de nostalgia o melancolía se refleja en los fragmentos de su diario simultáneos a la escritura de *Don Segundo Sombra*, transcriptos por Blasi en la edición crítica de Archivos. En "La Porteña", Güiraldes -cuyo estudio estaba en un mirador- solía descender a la cocina con los peones a guitarrear con ellos toda la tarde, y muchas veces estas guitarreadas y cantos postergaban por días enteros su escritura, según su propio testimonio. En verdad puede decirse que sin la presencia y aguijón permanente de Adelina, acaso *Don Segundo Sombra* se hubiera perdido definitivamente entre las conversaciones de Güiraldes con los poetas porteños y las guitarreadas con los paisanos de la provincia. A mi parecer, muy poca nostalgia o melancolía hay en este vividor intenso y gozador irredento de la amistad, el diálogo y la música que es Ricardo Güiraldes: es su gracia innata y su confianza en la irradiación de un personaje con el que se consustanciaba y al que admiraba genuinamente las que todavía parecen hablarnos desde las páginas de su libro.

***

Sarlo se detiene en la visión crítica de Borges con respecto a *Don Segundo Sombra*: «Desde el comienzo, Borges desconfía del utopismo rural que Güiraldes celebra en *Don Segundo Sombra*, novela clásica donde el mal destino del gaucho se tuerce para componer una alegoría luminosa en el escenario sublime de la pampa. El revival criollista de Güiraldes tiene como protagonista a un gaucho demasiado recto; un gaucho bienpensante. Para Borges, en cambio, si esta literatura iba a encontrar héroes, ellos no serían síntesis intachables de virtudes tradicionales, sino personajes marcados por un doblez, capturados en destinos no transparentes» (*Una modernidad periférica*, 1988, pp. 51-52).

Retratar a Don Segundo como gaucho bien pensante es tarea que tiene sus bemoles. Según el patrón de la pulpería, Don Segundo tiene un sospechoso pasado que incluiría el haber carneado a un cristiano, punto que, pese a sus declaraciones de inocencia, nunca se llega a aclarar por completo, pero que explicaría su condición de forastero en el pago. Además, Don Segundo se burla de la policía, insta a Fabio a desobedecer al patrón y obliga al duelo a Antenor, por respecto al código de honor que rige entre criollos. Como gaucho bienpensante, convengamos que Don Segundo resulta algo singular. En este sentido, más cerca de la caracterización del protagonista nos parece David Viñas -muy poco amigo de Güiraldes, por otra parte- cuando describe a Don Segundo como un «viejo atorrante, mentiroso y magnífico».

En realidad, cabe pensar que Güiraldes reescribe al Viejo Vizcacha en *Don Segundo Sombra*, un Viejo Vizcacha que hubiera filtrado su picardía hacia una sabiduría más profunda, irónica y estoica. En esta reescritura y en el ascenso en altura y profundidad del personaje de Hernández reside acaso una de las claves más efectivas para dar cuenta de la posible repercusión y vigencia del protagonista.

Si nos retrotraemos al punto de vista de Sarmiento, por otra parte, Don Segundo no produce ni consume -y acaso en esta época en que parece despuntar la cultura del fin del trabajo en el marco capitalista, su figura comience a revalorarse como la de quien soslaya una alternativa falsa y encuentra su propio camino en una existencia independiente y austera, marcada por otros temas. No se trata de volver al chiripá o al lazo, evidentemente, sino de saber despedirse de los viejos patrones sin dar vuelta la cabeza. Esto es lo que nos deja, al fin de cuentas, el personaje; esto y esa densidad inimitable de misterio que lo acompaña.

***

Güiraldes: entre la máscara y la innovación

La segunda nota en la crítica a *Don Segundo Sombra*, más enconada, y que parece responder a los cánones de una crítica "políticamente correcta" -expresión sospechosa si las hay- es la que describe a Güiraldes como un delegado tácito de la oligarquía terrateniente, que oscurece en su libro, a sabiendas o ingenuamente, la relación real de opresión entre gauchos y patrones. Epítome de esta actitud es la afirmación de David Viñas en el sentido de que *Don Segundo Sombra* perpetúa la pareja amo-esclavo en nuestra narrativa, y el trabajo de Lois -asentado sobre su estudio crítico de los textos manuscritos- que señala una actitud de paternalismo clasista de *Don Segundo Sombra*.

Ambos trabajos recogen toda una tradición crítica previa. La acusación -que ha sido extraordinariamente tenaz, desde Doll, un nacionalista convicto, en adelante- señala que la plasmación del arquetipo del gaucho como maestro por parte de Güiraldes es precisamente una máscara que encubre los velados intereses de la clase dominante. El aura de maestro espiritual, en otras palabras, está sólo destinada a esconder el lazo de opresión social y económica entre Fabio y Segundo Sombra -realidad auténtica y al parecer de algunos, por lo menos, única materia legítimamente novelable. Güiraldes no habría sido, por lo tanto, suficientemente realista o suficientemente honesto, y su ensalzar al gaucho sería sólo una hipócrita -o a lo sumo ingenua- maniobra burguesa para distraer la atención social de la real miseria y opresión de la vida de nuestros paisanos.

Dentro de la misma obra de Güiraldes, es interesante notar que los *Cuentos de Muerte y de Sangre* muestran auténticos conflictos, que llegan a la sangre, entre peones y patrones. Como todo el mundo sabe, los *Cuentos* acabaron en un aljibe de La Porteña, donde los arrojó Güiraldes, dado el fracaso literario que los mismos representaron -no por la falta de credibilidad, legitimidad o vigencia de su temática, ciertamente, sino por la carencia de un estilo conseguido y cabal.

Estudios como los de Viñas y Lois se fundan en la premisa básica de que, si *Don Segundo Sombra* fue construido como un mito gaucho, en su significado y proyección real representa sólo la velada protección de los intereses oligárquicos. El encumbramiento de Don Segundo no sería más que una farisaica maniobra por parte de la burguesía terrateniente, que pretendería así limpiar y hacer olvidar el sometimiento y exterminio del gaucho llevado a cabo por las clases dirigentes, que pertenecían a esta burguesía y la representaban.

Característico en este sentido es el vocabulario severamente ético-social y condenatorio de Lois. Güiraldes «pretende instaurar un mito nacional», «soslaya la situación de dependencia», «evita la exhibición del servilismo», «crea una ilusión de armonía» y «procura eliminar todo vestigio de contradicciones sociales».

Dice Lois finalmente que *Don Segundo Sombra* «sirve a la oligarquía que pretende manejar desde arriba las transformaciones que se viven». Cabe preguntarse por qué la oligarquía, en sus prepotentes manejos, no pudo encontrar mejor manera de confundir y oprimir a los gauchos que la de crear por primera vez, a través de Güiraldes, un personaje que supera con mucho la figura de los oligárquicos patrones que lo rodean. Si la gauchesca culminara en el *Martín Fierro* o en *Juan Moreira* sería sólo un sombrío desfile de personajes frustrados y humillados; con *Don Segundo Sombra* la curva descendente a partir de *Facundo* se endereza, y con él culmina.

Ninguna figura de patrón lo aventaja en estatura, por cierto, en la galería de los héroes novelísticos que ha producido nuestra narrativa. Si se trata de una sublimación culpable o una maniobra de alienación deliberada, cabe decir que el éxito popular de esta figura trascendió con mucho el torvo propósito original de la clase terrateniente, de la cual Güiraldes habría sido el emisario oculto o, en el mejor de los casos, el medium candoroso. Por muchos años, antes de la llegada de la televisión, los ranchos de la Provincia de Buenos Aires contaron en sus magras bibliotecas dos libros que se sintieron necesarios, el uno al lado del otro: *Martín Fierro* y *Don Segundo Sombra*.

A riesgo de señalar lo obvio, convengamos en que Güiraldes no estaba llamado a escribir, en 1926, el Estatuto del Peón: lo que cuenta en *Don Segundo Sombra* es la aventura de un grupo de reseros, que, apegados como están a sus tradiciones cotidianas, disfrutan más, vitalmente y estéticamente, con el arreo que con el manejo de tractores. Sin entrar en guerra con los inmigrantes o el progreso rural, pero sin asimilarse tampoco a los nuevos patrones, estos hombres morirán en su ley. No son esclavos ni sirvientes ni peones asalariados, sino reseros, que se contratan libremente y duermen donde la noche los encuentra. Con Güiraldes aparecen en el horizonte de la novela, y con Güiraldes desaparecen. Sin él, hubieran sido sólo una polvareda fugaz en los caminos de la pampa.

***

Tampoco intentaba Güiraldes incluir a hacendosos chacareros inmigrantes, protagonistas, quién lo duda, del futuro asentamiento económico del país: esta decisión es absolutamente inapelable desde el punto de vista literario, el único que importa en literatura. Pero notemos asimismo que su novela no es una apología rosada de la vida del resero, ya que éste se enfrenta no sólo con la adversidad de la naturaleza, sino con muy duras condiciones de traba-jo. Por eso dice con razón Romano: «Del mismo modo que Fabio asimila el saber de su padrino ante nuestros ojos, *con una eficacia metafórica de lo que significa la explotación laboral que ningún relato realista-naturalista había plas-mado*, el autor trata de someter el habla de Fabio a su finalidad criollista» (p. 323). (El subrayado es nuestro.)

Relatos de enfrentamiento entre peones y patrones, de hecho, existían en la época: *Los Caranchos de la Florida*, de Lynch, y los cuentos del mismo Güiraldes son ilustraciones paradigmáticas y muy diversas de este tema y a la vez, en el caso de Güiraldes, como ya lo hemos notado, fracasos literarios notorios en este sentido. Cualquiera sea el juicio que nos merezcan estos relatos, es indiscutible que ni Lynch ni el Güiraldes de 1915 poseyeron los instrumentos de renovación de la prosa narrativa que manejó con maestría Güiraldes en *Don Segundo Sombra*, más allá de las eventuales vacilaciones o imperfecciones que atraviesan su relato. Güiraldes no propuso ni realizó ningún cambio social, como bien lo dice Jitrik. Se dedicó al único cambio que en general pueden efectuar los escritores: un cambio de lenguaje y un cambio de mentalidad colectiva con respecto a la imagen del gaucho.

En el mismo sentido, es característico que los críticos que reprochan a Güiraldes el armonismo y el regreso a la edad dorada, encubriendo lo que se llama un paternalismo ilustrado, digan tan poco sobre *Zogoibi*, la olvidada novela de Larreta -que compitió con *Don Segundo Sombra* por el Premio Nacional- y que pone de manifiesto precisamente, con toda crudeza y claridad, la explotación y el abuso de los gauchos por la clase terrateniente, que es reflejada en todo su decadentismo. (Una excepción en este sentido es el interesante estudio de Romano que ya hemos citado, que analiza con cierto detenimiento la obra de Larreta.)

La razón es obvia: *Zogoibi* es ilegible hoy día y también lo fue en su momento -como puede comprobarse por la encarnizada crítica que recibió en el *Martín Fierro*-. Si Güiraldes obtuvo el triunfo que tuvo era porque lo que la gente espera de un novelista, en general, no es un manifiesto de denuncia social sino una novela que introduzca un lenguaje y una visión de la realidad hasta entonces inadvertida pero de algún modo deseada. Si Buenos Aires da un triunfo a *Don Segundo Sombra* sobre *Zogoibi* -al fin y al cabo, Larreta era un escritor mucho más establecido que Güiraldes y nunca había enjugado un fracaso comparable al del *Cencerro*- es porque ese lenguaje y esa visión liberadora del gaucho como un personaje distinto, con el que podemos identificarnos y del que podemos enorgullecernos, es el santo y seña de *Don Segundo Sombra*.

***

Güiraldes, que como narrador comienza reflejando las tensiones sociales del mundo rural, cambia de postura y recurre a otro topos consagrado en todas las literaturas. No le interesa la oposición peón-patrón porque estaba más interesado en otra oposición, ya dibujada en *Raucho*, que se había vuelto más vigente para él: la de la ruralidad y sus valores éticos y estéticos en tanto contrapuesta a un urbanismo masificador y filisteo.

Como lo han notado Sarlo y Andermann, *Don Segundo Sombra* es el espejo inverso de *Raucho*. En esta novela prácticamente autobiográfica, Güiraldes presenta a un protagonista que en París conoce las tentaciones de una ciudad exquisitamente culta pero también enormemente corruptora. Demolido por ella, se encuentra al final de su periplo agotador -a través de experiencias de drogas y amoríos venales y devastadores- en la humillante necesidad de pedir auxilio económico a su padre para poder regresar al país.

En *Don Segundo Sombra* ocurre exactamente lo contrario. La aparición del mensajero del padre de Fabio, con el anuncio de un inesperado legado que lo llevará de la condición de peoncito a estanciero, produce en Fabio la misma aterradora impresión que recibe Martín Fierro cuando llega la partida policial. La perspectiva se ha invertido: la magia de la ciudad rica en cultura y promesas económicas se entreve ahora desde la sabia desconfianza que ha impreso la vida de campo en el discípulo de Don Segundo. El legado paterno, lejos de representar lujo o liberación, encierra una clara amenaza para una autonomía personal duramente conseguida. La pampa, que es refugio y consuelo para Raucho después de la ciudad contaminada, es ahora instancia de fortaleza y condición necesaria para enfrentar a la ciudad corruptora. Fabio Cáceres es el exorcista de Raucho, el personaje que expía sus culpas al deshacer su camino en sentido inverso, y acaso no sea un azar que Güiraldes muera luego de haberlo plasmado.

***

Un balance tentativo

¿Cuál es, hacia el final del camino recorrido, nuestra hoja de ruta en cuanto a las vicisitudes de la relación Borges-Lugones-Güiraldes en los años vein- te? Una vez purgadas las que Borges llamó «herejías nacionalistas», es decir, ante todo, la perspectiva excesivamente patriótica y antiinmigrante que con- tamina mucha de las páginas escritas en esta época ¿hay algo que rescatar en las pasiones, ingenuidades y errores de este período que también produjo obras memorables?

Al parecer de Borges, como lo hemos visto, fue mejor sacrificar el trigo junto con la paja. Sin duda, al recordar el pasaje de *Inquisiciones* que predica las matanzas que nos adentrarán como civilizadores en el continente, algo de razón le daremos en cuanto a estos culpables excesos. Pienso, sin embargo, que hay rescates posibles y valiosos entre sus escritos de aquel tiempo, frag- mentos vigentes también para nuestros días. El imitacionismo y someti- miento de nuestro país que fustigaba Güiraldes desde su visión premonitoria en la India, la creencia de que el sol y la luna se levantan exclusivamente en Europa -o en Estados Unidos, en nuestros tiempos- contra la que Borges se sublevaba, el negarse a pensar que la marginalidad tiene sus bendiciones, son también plagas de nuestros días de presunta comunicación global, en que tanto carecemos del riesgo de la originalidad, y en que nuestros patrones estéticos y críticos se alimentan cada vez más de las consabidas fuentes de poder internacional antes que de una reflexión propia.

La intransigencia valiente de Borges ante un Lugones adormecido en sus laureles, la ráfaga de aire puro y austera independencia que todavía corre hacia nosotros desde las páginas del *Don Segundo Sombra*, la confianza en la posibilidad de un lenguaje propio y en una crítica propia que estén relaciona- dos y comunicados con teorías internacionales prestigiosas pero no depen- dan exclusivamente ellas para su legitimidad: éstas son las señales que pre- cisamos acaso guardar como herencia vital y vigente de ese período que, hacia fines de siglo, todavía sopla con una frescura inusitada hacia nosotros.

No predicamos, por cierto, un nacionalismo cultural, sino que aspiramos a una mayor libertad y soltura para retener y releer los textos fundadores de esa generación en su propia fuente y en sus interrelaciones, sin sofocarlos con perspectivas preestablecidas, dejándoles decir aquello que dijeron en su ocasión y todavía pueden seguir diciéndonos. En otras palabras, quisiéramos ver aparecer una juventud intelectual menos arbitraria pero tan audaz e innovadora, intelectualmente, como el Borges de 1925, tan valiente y generosa como el Güiraldes de *Proa* y de *Don Segundo sombra*.

También aspiramos a una imagen más realista de Borges y a un mayor respeto por las vacilaciones de su juventud. Quisiéramos una imagen más clara del proceso por el cual Borges se aproxima a Güiraldes. Como ya lo hemos visto, parecería que nuestros críticos, aún los mejores, no hubieran podido advertir en Borges esa sinuosidad por la que la línea de la admiración, la adhesión, el fervor por Güiraldes avanza, retrocede, cede y va mostrando todas las posibilidades de una lectura. Es como si nuestros críticos no pudieran concebir que existió un momento en que Borges se vio arrastrado, personalmente y literariamente, por al aura de ese hermano mayor que de pronto le había nacido: Ricardo Güiraldes. Es como si la idea, respaldada en la indiscutible realidad de los hechos, de que Borges fue explícito en su admiración por Güiraldes, no pudiera ser registrada en los archivos de nuestra crítica, tan escrupulosamente medida en lo que se refiere al neocriollismo de Borges. Nos hemos vuelto demasiado cautelosos para seguir admirando a Güiraldes y aún para seguir admirando y descubriendo en el mismo Borges lo que hay y permanece de Güiraldes en él. La sacralización de Borges ha impedido, entre otras cosas, reconocer los perfiles peligrosos de un nacionalismo juvenil que él mismo reconoció más tarde, para abjurarlo claramente. Este lavado de prestigio no puede sino generar confusiones. Citamos a Sarlo en este punto:

«Años más tarde, Borges comentó desdeñosamente estos ejercicios mítico-poéticos y su propia invención de «las orillas» frecuentadas por cuchilleros que, en los años sesenta, Borges considera extravagantes, adjetivo que no le impide remontar entonces la historia que ya había contado tres décadas antes en "Hombre de la Esquina Rosada." Como sea que funcione el particular sistema de negación de Borges respecto de su propia obra, los poemas de los años veinte, los tres libros de ensayos de la misma década y *Evaristo Carriego* fueron momentos de fundación radical de una voz literaria, tanto más radical cuanto que esa voz reorganizó la historia entera de la literatura argentina y rearmó para ella una jerarquía de valores culturales y sociales.

Por otra parte, Borges nunca se separó del ideologema de «las orillas»; ésa fue siempre su ubicación simbólica, desde esas orillas leyó las literaturas del mundo y fueron esas orillas el soporte para que su obra no pagara ningún tributo ni al nacionalismo ni al realismo.» (*Orillas*, pp. 63-64.)

Un párrafo tan lúcido y acertado como el que precede las últimas líneas de esta cita no puede hacernos olvidar el patente nacionalismo del Borges que firma algunos pasajes estremecedores de *Inquisiciones* como el que hemos citado, del Borges que en *Fervor de Buenos Aires* se aleja deliberadamente de «la chusma dolorosa de los puertos» y se desentiende luego olímpicamente, con sus compañeros de ruta, de toda responsabilidad con respecto a la proclama fascista publicada en *Proa*. Borges fue suficientemente sagaz y rápido para desandar estos errores, del mismo modo que más tarde, con respecto al Proceso, lamentó su apoyo a los que él mismo llamaría «los vanos militares». Si en su juventud Borges trató de deslindarse claramente, y exitosamente, de la empresa político-poética de Lugones, no dejó de pagar, con todo, un pesado tributo al nacionalismo de su tiempo, que con él adquirió, es cierto, otro tipo de tonalidades. Desconocer o negar este desvío no añade nada a la gloria de Borges ni tampoco a la bien ganada reputación de la crítica literaria en nuestro país.

***

De la batalla de los años veinte quedan *Don Segundo* y el fecundo viraje que a partir de *Don Segundo* realiza Borges hacia una obra que acabará por representarlo en toda su magnitud. De la hipertrofia teórica que, en ocasiones, nos aqueja (y no estoy hablando aquí de la obra de Sarlo), resulta en cambio un alejamiento de las fuentes mismas de la literatura y un resecamiento académico de nuestra visión crítica. (Se pierde, asimismo, el revelador contacto de las obras con la historia de su tiempo, que resulta clave muchas veces para interpretar el sentido primero de estas obras.) Aunque tenemos excelentes cultores e intérpretes de la teoría literaria contemporánea en sus versiones más sofisticadas, no hemos producido todavía, que yo sepa, una teoría de la literatura de alcance internacional, porque acaso ni siquiera nos lo proponemos; y si bien tenemos también grandes poetas, el fervor contagioso de *Luna de Enfrente* y de *Don Segundo Sombra*, que tanto hablaron al público porteño en su tiempo, pocas veces resuena en nuestra literatura contemporánea.

Por cierto, los tiempos han cambiado, y en más de un sentido, el tamaño de nuestras esperanzas ha quedado reducido a cenizas. Sin embargo, los textos que hemos leído a lo largo de este libro atestiguan una voluntad de esperanza, esa «terrible esperanza americana» de la que habla Borges en *El Tamaño de mi Esperanza*. Atestiguan también enfrentamientos abiertos y capacidad de cambio, de un cambio a veces peligroso, doloroso y difícil. Un Güiraldes amarrado al estilo de *Xaimaca* hubiera muerto sin dejar constancias; un Borges que hubiese continuado el criollismo retórico de los primeros tiempos habría acabado siendo una caricatura de sí mismo. Y si Lugones se suicida, acaso se debe en parte a que los cambios que se le impusieron en un determinado momento de su vida fueron excesivos para su imagen monumental -y monumentalmente desdichada-. En el triángulo que los tres escritores dibujan, las líneas de fuerza son las líneas de cambio, que son también, acaso, nuestras propias líneas de sobrevivencia.

Historia de un Soneto

A través de las muchas y laberínticas peripecias de la relación de Borges con Güiraldes, algo que se salva indisputablemente es la relación de amistad personal entre ellos, de la que Borges nunca renegó. Pero si *Don Segundo Sombra* es el relato de una amistad que termina en separación y cambio fundamental para los protagonistas de esta amistad, algo semejante ocurre con Güiraldes y Borges.

Si se me permite intercalar aquí un recuerdo personal, hacia 1966, cuando estaba escribiendo para Eudeba, bajo la mirada atenta de Pepe Bianco, mi biografía de Güiraldes, tuve la ocasión de entrevistar a Borges. En efecto: la colección en la que se publicaba mi libro, Genio y Figura, estaba diseñada como una serie de biografías fundadas en documentos y reportajes, para los cuales era necesario contactar a todos aquellos que conocían o habían conocido al biografiado, de modo de vertir el retrato más viviente y diverso posible de la persona del escritor en cuestión y de su obra.

Yo conocía en aquel tiempo a Borges, a la distancia y ocasionalmente, ya que colaboraba con reseñas en *Sur*, donde nos encontrábamos esporádicamente. En esos años, Borges era ya una leyenda, y yo era todavía tímidamente joven, de modo que no puedo alegar una profunda amistad con él.

Como a todos nosotros, me deslumbraba; como a todos nosotros, también, me intimidaba. Sabía, además, por amigos, allegados y documentos que estaban al alcance de todos, que en las entrevistas Borges era insuperable en astucias y esguinces cuando se le interrogaba acerca de lo que no quería decir; en general, usaba la táctica de fingir simpatía e identificación con su interlocutor para mejor desarmarlo, o bien simulaba, injuriosamente, saber menos que el desdichado entrevistador, que partía con sus propias opiniones -ambiguamente confirmadas- como todo trofeo de su titánico encuentro.

Cautelosamente, por lo tanto, antes de concertar la entrevista con él, en la Biblioteca Nacional, hice un prolijo recuento de todo lo que pude encontrar -con los modestos instrumentos a mi alcance en ese tiempo- acerca de las opiniones de Borges con respecto a Güiraldes vertidas en letras de molde. Fue así como aterricé en el Archivo de *La Nación*, por entonces en la calle San Martín, si mal no recuerdo, y en un recóndito fichero encontré el siguiente soneto, publicado en el Suplemento Literario:

Ricardo Güiraldes (versión primera)

Nadie podrá olvidar su cortesía:
era la no mentida, la primera
forma de su bondad, la duradera
cifra de un alma clara como el día.

No he de olvidar tampoco la bizarra
serenidad, el fino rostro fuerte,
las luces de la gloria y de la muerte,
la mano interrogando la guitarra.

Como en la vaga hondura de un espejo
(él es la realidad y yo un reflejo)
lo veo conversando con nosotros

en Quintana. Esta ahí. Secretamente
está en lo que ha perdido, en el valiente
desierto del jinete y de los potros.

Armada con éste y otros documentos, acudí a la entrevista en la calle México, con la esperanza de sonsacar a Borges lo nunca dicho hasta entonces acerca de su relación con Güiraldes. Como cabía esperarlo, fracasé estrepitosamente. Además de mi obvia inexperiencia como entrevistadora, Borges detectó inmediatamente, a pesar de todas mis estrategias de neutralización, mi inocultable entusiasmo por Güiraldes, y se dedicó a repetir la versión más amable de sus dichos sobre el amigo de la juventud. (Recuerdo, sin embargo, que en un momento dado, llevado por sus memorias, tarareó con música y letra una milonga compuesta por Güiraldes, disculpándose, previsiblemente, por no ser perfectamente entonado.)

Hacia el fin de la entrevista, dispuesta a quemar mis últimos cartuchos, le recordé su soneto. Me miró sorprendido: «Yo nunca escribí un soneto para Ricardo Güiraldes», me dijo. Fue mi único momento triunfal: abriendo mi portafolio, enarbolé el soneto ante los ojos de Borges. Se echó a reír como un chico sorprendido *in fraganti*: «Es cierto. Lo había olvidado por completo», me dijo.

En este episodio hay algo así como una intriga policial que me sigue superando. Un soneto, como se sabe, es una construcción sumamente articulada, que no puede surgir en un huracán de inspiración luego olvidado, ya que requiere múltiples y complicadas vueltas de tuerca para su perfeccionamiento. Además, en la tradición de Garcilaso, Góngora, Quevedo, García Lorca o Miguel Hernández, es muy difícil escribir un soneto en español sin labrarse al mismo tiempo un epitafio. Quiero decir que el juego del soneto es fundamentalmente limitado, desde el punto de vista de su arquitectura sonora, y que sólo sobre la gama casi imperceptible de variaciones muy sutiles en acentos y metros internos llega a teclearse un soneto logrado. Es decir, un soneto capaz de producir ese impacto físico que, según Borges, es el síntoma de la presencia de la poesía. Un soneto, precisamente, como el que Borges le escribe a Ricardo Güiraldes.

En el alegado olvido de Borges, se sumaba al hecho de que el poema en cuestión era un soneto, el hecho de que su memoria de elefante había relegado un poema dedicado a un amigo preferido de su juventud, un poema que expresa, emocionalmente, no sólo lo mejor de Güiraldes, sino lo mejor de Borges. Desterrada toda ironía, brilla aquí una amistad que se reconoce por la admiración y precisión con que se recuerdan los rasgos más hermosos y delicados en la figura del amigo desaparecido. Y también resplandece esta amistad, no es necesario decirlo, en la resplandeciente belleza del mismo soneto que la refleja y la celebra.

Quizá Borges hubiera sufrido, en verdad, un repentino blanco en su memoria; quizá quiso poner a prueba la ingenuidad de una colega novata y excesivamente fervorosa, según él lo barruntaba, con respecto a Güiraldes como escritor. Nunca lo sabré. Para colmo, la copia del soneto que pude blandir ante sus ojos atónitos se me extravió a lo largo treinta años de mudanzas fuera del país, a partir del golpe militar de Onganía. Junto con él, perdí muchos otros documentos interesantes que respaldaron mi biografía de Güiraldes, o bien contenían las reacciones a la misma de amigos y escritores por mí consultados.

Pero tuve, sin embargo, mi recompensa. Publicada mi biografía, y estando yo ya radicada temporariamente en los Estados Unidos, aparece en *La Nación* una nueva versión del soneto. (La que he transcripto anteriormente proviene de mi libro, en el que me guié, naturalmente, por el texto por mí recogido en el Archivo, ya que no contaba con otro.) La entrevista, entonces, removió algo en la memoria o en el corazón de Borges, que volvió a su texto para modificarlo. Aquí está la versión definitiva:

Ricardo Güiraldes

Nadie podrá olvidar su cortesía:
era la no buscada, la primera
forma de su bondad, la verdadera
cifra de un alma clara como un día.

No he de olvidar tampoco la bizarra
serenidad, el fino rostro fuerte,
las luces de la gloria y de la muerte,
la mano interrogando la guitarra.

Como en el puro sueño de un espejo
(Tú eres la realidad, yo su reflejo)
te veo conversando con nosotros

en Quintana. Ahí estás, mágico y muerto.
Tuyo, Ricardo, ahora es el abierto
campo de ayer, el alba de los potros.

✳✳✳

En su muy hermosa dedicatoria a Lugones en *El Hacedor*, escrita como
una carta, Borges narra un sueño en el cual él se encuentra con Lugones en la
Biblioteca Nacional -entonces en Rodríguez Peña- y logra detectar cierta
aprobación para algún verso suyo.

«En este punto se deshace mi sueño, como el agua en el agua. La vasta
biblioteca que me rodea está en la calle México, no en la calle Rodríguez
Peña, y usted, Lugones, se mató a principios del 38. Mi vanidad y mi nostalgia han armado una escena imposible. Así será (me digo) pero mañana yo
también habré muerto y se confundirán nuestros tiempos y la cronología se
perderá en un orbe de símbolos y de algún modo será justo afirmar que yo le
he traído este libro y que usted lo ha aceptado.»

No me parece necesario explayarme excesivamente en el retenido pa-
tetismo de estas líneas. La escena que describe Borges -y Borges bien lo
sabe- ocurrió en la realidad. Lugones aprobó al pasar un verso. «Si no me
engaño, Lugones, usted no me malquería.» Pero el bienquerido, el que se
animó a atravesar las puertas de la Biblioteca Nacional en la calle Rodríguez
Peña y a enfrentarse, candoroso y temeroso, con el gran minotauro Lugones
no era Borges; fue Güiraldes, con la valentía y la humildad de los muy
puros. (No en vano Raúl González Tuñón, que tenía 19 años cuando
Güiraldes 38, lo citaba diciendo que lo típico argentino era el desenfado
unido a la timidez.)

Borges habla aquí en realidad de su joven vanidad y de su vieja nostalgia
-acaso escuchemos detrás de sus palabras esa ansiedad angustiosa que mezcla la admiración por el padre temible con los celos fraternales por el hermano preferido. Al decir su deseo de que se confundan los tiempos y se vuelva
posible esta escena que nunca fue, Borges se sustituye en realidad al hermoso muchacho que tocaba la guitarra y se confunde con él. No se trata de una
confusión de tiempos -se trata de una fusión de identidades, a través de un
deseo irrealizable.

(Notemos que en su biografía, Vaccaro (p. 196) dice que Borges fue en 1922 junto con González Lanuza a solicitar la aprobación de Lugones para *Prisma* y que en esa ocasión Lugones habría elogiado entre otros el poema "Aldea", de Borges -luego de lo cual se habrían enzarzado en una larga discusión acerca de la necesidad de la rima en la poesía y otras cuestiones poéticas-. Como Vaccaro no ofrece sus fuentes parecería que el dato, algo remoto, viniera de González Lanuza, ya que de otro modo no tendría mayor sentido la cita de Borges.)

En una entrevista con Alicia Barrios en 1979, que apareció publicada bajo el título "Dos palabras antes de morir" en el libro homónimo, dice Borges, precisamente comentando esta dedicatoria, que «a Lugones no le interesaba lo que yo escribía. Tenía razón... Me permitía que lo visitara de vez en cuando. Paseábamos por Buenos Aires y no era popular, a pesar de que lo conocían mucho». (Aquí parecería claro que Borges, acaso involuntariamente, se compara con Lugones, ya que sus legendarios paseos por Florida o el centro evocaban siempre vivas y merecidas muestras de admiración y simpatía entre quienes lo reconocían.)

«Era arbitrario. Rechazaba todo lo que no fuera él.» Pero sabemos -y también sabemos que Borges lo ha sabido- que Lugones no sólo no rechazó a Güiraldes, a pesar de sus faltas de puntuación, a pesar de sus galicismos, sino que lo elevó a un pedestal mayor en la literatura argentina. Y más allá de la perfección de Borges, que nunca o raramente cometió un galicismo y jamás se equivocó en una coma, lo que unía a Lugones y a Güiraldes era su pertenencia estética a un paisaje del interior y un firme deseo por decirlo renovadoramente en todo su esplendor -mientras Borges persiste mirando y cantando ante todo el mar de sus antepasados sajones -el mar, esa otra pampa que él llama hermosamente «espada innumerable».

«Tú eres la realidad, yo su reflejo.» En su secreto corazón, Borges hubiera querido alguna vez poder ser Güiraldes. El estudioso hubiera querido ser el ardiente. El rebelde hubiera querido ser el aprobado, el bienquerido. Y desde esta otra orilla, comparando sus vidas y la porción de amor, libertad y felicidad que les cupo, acaso podemos comprenderlo.

***

Para Borges, sin embargo, la literatura no es realidad sino reflejo. La consagración de *Don Segundo* -un libro marcado por la idealización del estoicismo gaucho- marca en forma definitiva el alejamiento de Borges de su auténtico pero pasajero entusiasmo por un criollismo mancomunado con el de Güiraldes. Si sigue escribiendo sobre cuchilleros y compadritos, siempre será desde una distancia cada vez más oblicua. Nunca más volverá a poner el cuerpo como lo hizo en *El Tamaño de mi Esperanza*, ese libro injusto, apasionado y por momentos genial.

De su etapa criollista Borges habrá cosechado éxitos como los de *Inquisiciones* o *Luna de Enfrente*, que luego, retrospectivamente, se vuelven a su entender fracasos desde el punto de vista literario. En la elección entre su amistad por un hermoso compañero de camino que lo arrastra al peligroso zanjón del «realismo ingenuo» y su propia concepción de la literatura, Borges elegirá, previsiblemente, la última. Pero la elección es prácticamente inevitable: Güiraldes le ha sido arrebatado primero por sus adversarios -que al apropiarse de *Don Segundo* lo empujan a una interpretación exclusivamente nacionalista que él mismo detestaba- y luego por la muerte. La incursión de Borges en el criollismo a la Güiraldes ha sido severamente castigada por el destino. Borges aprenderá el valor de la distancia y se quedará para siempre del lado del reflejo.

***

Una digresión sobre el alma

Al enviarle el *Don Segundo Sombra*, Güiraldes llama a Borges poeta del alma y de la pluma -acaso porque intuía que la segunda a veces podía ahogar a la primera en la obra de su célebre amigo-. Lo que Güiraldes adivina en Borges es el alma -un término tan desacreditado en nuestros tiempos posmodernistas, en que la palabra equivale a una suerte de supersticioso y prescindible cachivache espiritual-. Esa manera de alma a la que me refiero aquí, sin embargo, es lo que distingue precisamente a Borges de Lugones. La que resplandece en algunos de sus poemas e ilumina sus mejores prosas, en particular las últimas.

Para esquivar en lo posible reproches de cursilería o esoterismo, propongo aquí que el alma es esa secreta cualidad inexplicable que separa la literatura de

Rulfo y Vallejo de la de García Márquez o Vargas Llosa, por ejemplo. Lugones y Borges son ante todo poetas del lenguaje, y por eso la coincidencia final entre ambos era necesaria; para Güiraldes, la literatura era ante todo un camino del alma, y el lenguaje, un camino para encontrar ese camino. Hay muy raros poetas -los más grandes, quizá- en los que coinciden alma y lenguaje: pienso en Rilke, en Verlaine, en García Lorca. Los uruguayos suelen ser almosos: Felisberto Hernández, Armonía Somers, Marosa di Giorgio. Entre nosotros el alma es más infrecuente: aparece fugazmente en Banchs, o en Juanele, o en Barbieri, y en nuestros días en poetas como Biagioni, o Calvetti, o Requeni -pero en general se tiende a reemplazarla con guiños inteligentes y sabias referencias ocultas, como si la poesía fuera un examen de acertijos para los más cultos o los más aventajados.

Algo que diferencia la poesía del alma de la poesía del lenguaje es que sólo la segunda puede imitarse. Salvo algunos versos doloridos de Garcilaso y Sor Juana, y otros terribles de Quevedo, en general, el espléndido barroco español pasa atronando el aire, dejando una multitud de imitadores y ni una sola herida en el corazón. En nuestros días, los imitadores de Pizarnik, una gran señora del lenguaje sin duda alguna, son particularmente patéticos porque no han comprendido la diferencia entre un lenguaje extraordinario y un alma inimitable.

Si lo que separa a Lugones de Borges es la presencia del alma, es la presencia del alma lo que une a Güiraldes con una cierta zona de Borges. En la mirada permanente de Güiraldes hacia Borges nace lo mejor de Borges -algo que Borges no pudo nunca olvidar ni traicionar del todo-. «La mejor parte de nosotros ha fallecido en él; la secreta virtud que él en cada uno atisbaba.» En el poema que dedica Borges a Güiraldes la conmoción que nos produce consiste en que es un poema no sólo de la pluma, sino ante todo del alma. La cortesía y la bondad de Güiraldes brillan allí, contrapuestas secretamente a la deslumbrante ironía que caracteriza a la obra de Borges: homenaje del escritor al músico, del intelectual al hombre hermoso, de la literatura a algo que es más que la literatura.

***

En este tren de reflexiones finales, quisiera citar aquí un muy hermoso texto de Walter Benjamin, en sus *Iluminaciones*. Benjamin comienza citando a

Valéry, que dice que los objetos de arte, como los objetos realmente bellos en general, se reconocen porque son inagotables ante nuestro deseo. «Podemos aspirar tanto como queramos una flor agradable al olfato: nunca llegaremos a agotar ese perfume. Tal es el fin que persigue quien crea una obra de arte.»

«Pero en la mirada, prosigue Benjamin, se halla implícita la espera de ser recompensada por aquello hacia lo que se dirige. Si esta espera se ve satisfecha, la mirada obtiene, en su plenitud, la experiencia del aura. «La perceptibilidad -dice Novalis- es una forma de la atención». La perceptibilidad de la que habla Novalis, dice Benjamin, no es otra cosa que la del aura. La experiencia del aura reposa sobre la transferencia de una relación normal en la sociedad humana a la relación de lo inanimado o de la naturaleza con el hombre. *Quien es mirado o se cree mirado levanta los ojos. Advertir el aura de las cosas es dotarla de la capacidad de mirar.*» Hasta aquí las palabras de Benjamin, con mi propio subrayado.

Cuando leemos los magníficos relatos de Borges, percibimos su mirada de escritor genial, los giros transparentes y mágicos de personajes y palabras que él va desplegando con poder indiscutible ante nosotros. Nos contagiamos en cierto modo de su sabiduría y de su sorprendente dominio de la fantasía y el lenguaje, con los que construye castillos memorables en los que, de alguna manera, permaneceremos para siempre: tal es la fuerza de su sugestión y de su perfección admirables.

Con Güiraldes es diferente. Güiraldes se sintió dominado o anegado siempre por un paisaje que lo superaba. Esto es lo que expresa su carta a Valéry Larbaud: «En Europa, el problema está en ver las cosas bajo el prisma de un temperamento interesante. Muchos se torturan en buscar una forma de arte novedosa. Aquí todo el secreto estaría en apartarse de normas ajenas y dejar que los sujetos mismos fueran creando en uno la forma adecuada de expresarlos...».

Si la pampa de Güiraldes resulta de algún modo inagotable en nuestro recuerdo, si es tan fuerte, es porque la pampa misma ha creado en él la forma de expresarla: es una pampa que nos mira. Güiraldes se ha dejado mirar en esta mirada, y antes que reflejar la pampa vista por él, a través de su propia mente poética, nos ha trasmitido esta experiencia, la experiencia del aura. Esta experiencia es la que mencionan Neruda y Arlt, en los textos que hemos transcripto. Somos mirados y levantamos los ojos y advertimos esa mirada inagotable de la pampa que para siempre nos seguirá mirando, y como la flor de Valéry, nunca dejará de mirarnos y de perfumarnos.

Borges construye mientras Güiraldes deja pasar el aura: ésta es la diferencia mayor entre ellos dos. Quizá la misma que separa a Occidente de Oriente.

Chesterton decía: «Hay una sola cosa necesaria: Todo». Quiero decir que, aldea global o globo aldeano, queremos y precisamos el mundo, todo el mundo, Oriente y Occidente, la creación y el aura. Borges y Güiraldes.

***

Conclusión

A propósito del soneto que hemos comentado, cuenta María Esther Vázquez una muy especial anécdota:

«Mientras los homenajes públicos se multiplicaban, Borges recibió uno privado que nunca hubiera podido imaginar: el 15 de diciembre de 1982 apareció en el diario Gazzetta del Sud de Messina la participación por una misa por el alma de una señora muerta tiempo atrás. El aviso estaba encabezado por el primer cuarteto del soneto a Ricardo Güiraldes de Borges:

Nadie podrá olvidar su cortesía:
era la no mentida, la primera
forma de su bondad, la verdadera
cifra de un alma clara como el día.

Luego los versos aparecían traducidos al italiano, seguía el nombre del autor y, por último, el aviso de la misa: «Ha transcurrido un mes del triste día en que el gran corazón de Mimma Ferraro dejó de latir. Sus hijos, más unidos aún en el acongojado duelo, dirigen un devoto, afectuoso pensamiento a esa incomparable madre (...) La misa será celebrada hoy, a las 18 horas, en la Parroquia de San Nicolás en el Arzobispado.»

Le conté a Borges la historia -prosigue María Esther Vázquez- y, como le parecía increíble, le leí el aviso. Escuchó, con la cabeza reclinada, y repitiendo en voz baja los versos. Cuando terminé, quedó silencioso un rato y después me dijo:

«Es uno de los homenajes más delicados que he recibido. Además, el hecho de que citen esos versos para algo tan íntimo y querido para ellos vale más que todos los premios del mundo, precisamente porque no está pensado como premio. El saber que he dicho algo que merece ser recordado por otros en estas circunstancias patéticas, me justifica. Se podría borrar todo el resto de mi obra y dejar esos cuatro versos como justificación de mi vida. Y pensándolo bien, quizá me convenga, ¿por qué no?» (p. 317).

No puede dejar de conmovernos el que, precisamente, sean los versos dedicados a Güiraldes los que Borges, al final de sus años, considere como suficientes para asentar la justificación de su vida y de su obra. En particular pienso, con cierta emoción, que me cupo la curiosa fortuna de desenterrar este soneto aparentemente olvidado por Borges del Archivo de *La Nación* y dárselo a leer, lo que significó para él la oportunidad de corregirlo e incluirlo en las *Obras Completas*, desde donde alcanzaron, sin duda alguna, esta involuntaria y hermosa irradiación que acabamos de ilustrar.

Pienso que debemos estar agradecidos por poder reconstruir la medida la historia literaria que cupo entre estos dos hombres, estos dos grandes escritores que fueron alguna vez grandes amigos y entendieron la literatura cada uno a su manera. Pienso que en nuestra literatura -tan amplia como nuestra ciudad y nuestra pampa- hay lugar para el criollismo, el latinoamericanismo, la literatura fantástica y lo occidental y lo oriental, la violencia y la serenidad, con tal de que todas estas regiones de nuestra experiencia y de nuestra fantasía revelen esa clase de poesía que nos alimenta y nos provoca sin envenenarnos de vacío o frivolidad.

Yo pienso que una historia de la literatura debe ser concebida como ese cielo del que se nos ha dicho que abriga muchas moradas. No «Esto y no Aquello», a la manera occidental, sino «Esto y a la vez Aquello», a la manera oriental. Y a riesgo de ser trivial, recordaré aquí que la lectura de una literatura no puede hacerse en forma rectilínea, pensando que lo último es lo mejor, de acuerdo con un ingenuo progresismo. La literatura no puede ser leída tampoco según la última teoría que importemos del extranjero, ni con la última mirada a los consejos del mercado de best sellers en los periódicos dominicales, en manos de los grandes pulpos editoriales.

La literatura tiene que ser leída leyendo, leyendo atentamente, peligrosamente, ignoradamente y con placer las obras, todas las obras y su entorno, los cruces, las correspondencias, las cronologías mutuas, los encuentros y los desencuentros entre escritores y poemas. Como decía el mismo Borges, el mayor pecado de la Academia es alejar a los estudiantes de las fuentes a través de la bibliografía. Lo mismo puede decirse de nuestra crítica literaria, académica o no.

Como dice el mismo Borges en su carta de despedida a Brandán Caraffa y a Güiraldes con motivo de la defunción de *Proa*:

«Eso será el Juicio Final: todo bicho viviente será justificado y ensalzado y se verá que no hay ningún Infierno, pero sí muchos Cielos. En uno de ellos (uno que daba a Buenos Aires y que mi novia tuvo en los ojos) nos encontraremos reunidos y empezará una suelta tertulia, una inmortal conversación sin brindis y sin apuros, donde se tutearán los corazones y la que cada cual se oirá vivir en millares de otras conciencias, todas de buena voluntá y alegrísimas. (...) No sé de intentona mejor que la realizada por *Proa*.»

Como lo vio Lugones, como lo vio el primer Borges, como lo han sentido los hombres ciudadanos o paisanos que lo han conocido, Don Segundo Sombra está invitado a la tertulia y nos sigue mirando socarronamente, mientras matea y canturrea una vieja milonga. También, en un rincón del patio, acallados triunfos y fracasos, rencores y glorias, malentendidos y vueltas de taba, siguen hablando Borges, Güiraldes, y Lugones, en una conversación que quisiéramos seguir escuchando, de la cual este libro es sólo un lejano reflejo. Como nosotros, con nosotros, hablan de historia, de patria y de poesía, en una conversación inacabable. Proseguir esa conversación sin desmerecer su pasión, su empeño, su talento: ése es ahora el tamaño de nuestra esperanza.

Para nosotros, para nuestros hijos y para todos aquellos lectores de buena voluntad que quieran habitar la literatura argentina.

Bibliografía

Alifano, Roberto: "El Güiraldes de Borges". *Clarín*. Cultura y Nación. 6 de agosto de 1981.

Altamirano, Carlos y Sarlo, Beatriz: *Ensayos argentinos. De Sarmiento a la vanguardia*. Buenos Aires, Centro Editor de América Latina, 1983.

Andermann, Jens: "De cómo heredar campos y libros: Güiraldes". Ponencia presentada en el Ateneo de Literatura Hispanoamericana de la U.B.A., octubre de 1998.

Arlt, Roberto: "Carta a Ricardo Güiraldes". Texto inédito recogido en el "Homenaje Póstumo a Güiraldes" organizado por *Martín Fierro*, 1927.

Artundo, Patricia: *Norah Borges, Obra Gráfica 1920-1930*. Buenos Aires, Fondo Nacional de las Artes, 1993.

Balderston, Daniel: "La expresión de la realidad en Borges". *La Nación*, 16 de junio de 1996.

Barbero, María Inés y Devoto, Fernando: *Los Nacionalistas*. Buenos Aires, Centro Editor de América Latina, 1983.

Bastos, María Luisa: *Borges ante la crítica argentina, 1923-1960*, Gaithersburg, Hispamérica, 1974.

Benjamin, Walter: *Iluminaciones II*. Madrid, Taurus, 1980.

Blasi, Alberto: *Güiraldes y Larbaud: Una amistad creadora*. Buenos Aires, Nova, 1970.

Bloom, Harold: *La Angustia de las Influencias*, Madrid, Monte Avila, 1991.

— *El Canon de la Literatura Occidental*, Barcelona, Anagrama, 1996.

Bordelois, Ivonne: *Ricardo Güiraldes: Genio y Figura*. Buenos Aires, Eudeba, 1966.

Borges, Jorge Luis: *Obras Completas*, Volúmenes I-IV. Buenos Aires, Emecé, 1996.

— "Carta de la dirección de *Proa*", *Nosotros*, año 19, vol. 49, n° 121, pp. 46-47, abril de 1925. Texto inédito recogido en el Homenaje Póstumo a Güiraldes organizado por *Martín Fierro*, 1927.

— "El lado de la muerte en Güiraldes", *Síntesis*, año II, n° 13, junio de 1928.

— "La Vuelta de Martín Fierro", *La Prensa*, 2a. sección, 24 de noviembre de 1935.

— "Las Nuevas Generaciones Literarias", *El Hogar*, febrero de 1937, p. 5.

— *Seis problemas para don Isidro Parodi*. H. Bustos Domecq. En colaboración con Adolfo Bioy Casares. Buenos Aires, Sur, 1942.

— "Palabras pronunciadas por Jorge Luis Borges en la comida ofrecida por escritores". *Sur*, año 15, n° 142, agosto de 1946, p. 114-115.

— "Aspectos de la literatura gauchesca". *Número*, 1950.

— "Sobre *Don Segundo Sombra*". *Sur*, n° 217-218, noviembre-diciembre 1952, pp. 9-11.

— *El Martín Fierro*, Colección Esquemas, Buenos Aires, Columba, 1953.

— "El escritor argentino y la tradición". *Cursos y Conferencias*, enero- febrero- marzo de 1953.

— *Leopoldo Lugones*, en colaboración con Bettina Edelberg. Buenos Aires, Troquel, 1955.

— Reseña a *El Sueño de los Héroes*, de Adolfo Bioy Casares. *Sur*, 235, julio- agosto de 1955, pp. 88-89.

— "El Tango". *Sur*, julio-agosto de 1958.

— Entrevista con Estela Canto, *Nueva Generación* 3, 7 de noviembre de 1959.

— *Ficcionario*. Antología reunida por Emir Rodríguez Monegal. México, Tierra Firme, 1981.

— Prólogo a la *Antología Poética de Leopoldo Lugones*. Buenos Aires, Alianza, 1982.

— "Sobre orilleros y compadres". *Cuadernos Hispanoamericanos* n° 505-507, pp. 68-69, julio-septiembre de 1992.

— *El Tamaño de mi Esperanza*. Buenos Aires, Seix Barral, 1993.

— *Inquisiciones*. Buenos Aires, Seix Barral, 1993.

— *Dos palabras antes de morir y otras entrevistas*. Buenos Aires, LC editor, 1994.

— *Textos Recobrados 1919-1929*. Buenos Aires, Emecé, 1997.

Bostford, Keith: "Sobre y al margen de Jorge Luis Borges", en *Revista Mexicana de Literatura*, 1964, pp. 240-246.

Carrizo, Antonio: *Borges el memorioso. Conversaciones con Jorge Luis Borges*. Buenos Aires, Fondo de Cultura Económica, 1982.

Conil Paz, Alberto: *Leopoldo Lugones*. Buenos Aires, Librería Huemul, 1985.

Cymermam, Claude: "Gauchophiles et gauchophobes". *América*, *Cahiers du CRICCAL*, Presses de la Sorbonne Nouvelle, 1992, pp. 33-48.

Di Tullio, Angela: "Los dialectos socioliterarios en los años veinte". Ponencia presentada en el Simposio de Dialectología organizado por la Universidad de Buenos Aires, 1998.

Doll, Ramón: "*Don Segundo Sombra* y el gaucho que ve el hijo del patrón". *Nosotros*, LVIII, 1927, pp. 270-281.

— *Dominios de la literatura. Acerca del Canon*. Compiladora Susana Cella. Buenos Aires, Losada, 1998.

Eco, Umberto: *El Nombre de la Rosa*. Barcelona, Tusquets, 1980.

Farías, Víctor: *Metafísica del Arrabal. El Tamaño de mi Esperanza: un libro desconocido de Borges*. Madrid, Anaya-Muchnik, 1994.

Fernández, Macedonio: *Papeles del Recienvenido-Poemas*. Buenos Aires, Centro Editor de América Latina, 1966.

Fernández Moreno, César: *Esquema de Borges*. Buenos Aires, Perrot, 1957.

Ferrari, Osvaldo: *En diálogo I. Jorge Luis Borges*. Buenos Aires, Sudamericana, 1998.

Ferreira de Cassone, Florencia: *Claridad y el internacionalismo americano*. Buenos Aires, Claridad, 1998.

— *Florida y Boedo. Antología de Vanguardias Argentinas*. Editada por Fabiana Sordi. Buenos Aires, Santillana, 1998.

Giordano, Alberto: *Modos del Ensayo*. Rosario, Beatriz Viterbo, 1991.

González Tuñón, Enrique: *Apología del Hombre Santo*.

Giusti, Roberto: "Sobre *Don Segundo Sombra*". *Nosotros*, Vol. 54, p. 125, 1926.

González Tuñón, Enrique: *Apología del Hombre Santo*. Buenos Aires, Colombo, 1930.

Gramuglio, María Teresa: "Jorge Luis Borges", *Capítulo*, Centro Editor de América Latina, 1981, volumen IV, Fascículos 79-80.

— "Bioy, Borges y *Sur*, diálogos y duelos". *Punto de Vista* 34, julio-septiembre 1989.

Gramuglio, María Teresa y Sarlo, Beatriz: "José Hernández y el *Martín Fierro*", *Capítulo*, Centro Editor de América Latina, Historia de la literatura argentina, T. 2, pp. 1-24, 1986.

Groussac, Paul: Reseña a *Don Segundo Sombra*, *La Nación*, 19 de septiembre de 1926.

Güiraldes, Ricardo: *Obras Completas*. Buenos Aires, Emecé, 1962. Edición crítica de *Don Segundo Sombra*. Paul Verdevoye, México, Archivos, 1988.

Helft, Nicolás: *Jorge Luis Borges: Bibliografía Completa*. Buenos Aires, Fondo de Cultura Económica, 1997.

Ibarra, Néstor: *La Nueva Poesía Argentina*. Buenos Aires, 1930.

Jitrik, Noé: *Escritores argentinos. Dependencia o libertad*. Buenos Aires. Edición del Candil, 1967.

— *Las Memorias de Borges*. *La Opinión*, 2a. sección, 17 de septiembre de 1974. (Aquí citado como *Autobiografía*.)

Lafleur, Héctor René; Provenzano, Sergio y Alonso, Fernando: *Las Revistas Literarias Argentinas 1893-1967*. Buenos Aires, Centro Editor de América Latina, 1967.

Lange, Norah: *Estimados Congéneres*. Buenos Aires, Losada, 1968.

Lecot, Alberto: *En "La Porteña" y con sus recuerdos*. Buenos Aires, Rivolín, 1986.

Larbaud, Valéry: *Lettre à deux amis*. Buenos Aires, 1962.

— "Las letras argentinas juzgadas en el extranjero", *Nosotros*, nº 50, mayo junio de 1945, pp. 539-540.

Lois, Elida: "La reelaboración del capítulo XI de *Don Segundo Sombra*: la mitificación de la sociedad paternalista". *Filología*, XXI, 2, 1986.

Louis, Annick: *Jorge Luis Borges: oeuvre et manoeuvres*. Paris, L' Harmattan, 1997.

Ludmer, Josefina: *El género gauchesco: un tratado sobre la patria*. Buenos Aires, Sudamericana, 1989.

Lugones, Leopoldo: *El Payador*. Caracas, Biblioteca Ayacucho, 1960.

— "*Don Segundo Sombra*", de Ricardo Güiraldes. *La Nación*, 12 de septiembre de 1926.

Marechal, Leopoldo: " *'Don Segundo Sombra'* y el ejercicio ilegal de la crítica". *Sur*, 12 de septiembre de 1935, pp. 76-80.

Martín Fierro: Edición facsimilar del periódico. 2a. época, febrero de 1924 a noviembre de 1927. Buenos Aires, publicada por el Fondo de las Artes, Buenos Aires, 1995.

Martínez, Tomás Eloy: "El canon argentino", *La Nación*, 10 de noviembre de 1996.

Molloy, Sylvia: *La diffusion de la littérature hispano-américaine en France au XXème siècle*. PUF, 1972.

— *Las Letras de Borges*. Buenos Aires, Sudamericana, 1979.

Montaldo, Graciela. "Borges: una vanguardia criolla". *Historia social de la literatura argentina* dirigida por David Viñas, Volumen 1, pp. 214-230. Buenos Aires, Contrapunto, 1989.

Monteleone, Jorge: "La voz deseada". *Espacios* 6, 1987.

Ocampo, Victoria: *Testimonios*, Segunda Serie, *Sur*, 1941.

— "Carta a Ricardo Güiraldes". *Sur*, n° 217-218, noviembre-diciembre de 1952, pp. 2-6.

— *Diálogo con Borges*. Buenos Aires, *Sur*, 1969.

Olea Franco, Rafael: *El otro Borges, el primer Borges*. México, Fondo de Cultura Económica, 1992.

— "Borges, una lección de escritura". En: *Cuadernos Americanos* n° 64, julio-agosto de 1997, pp. 236-248.

Panesi, Jorge: "Borges Nacionalista". *Paradoxa*, Beatriz Viterbo, n° 7, 1993, pp. 16-30.

Pastormerlo, Sergio: "Reseña a Beatriz Sarlo: *Borges, un escritor en las orillas*", *Orbis Tertius*, La Plata, Año 1, n° 1, 1996, pp. 181-183.

— "*Don Segundo Sombra*. Un campo y sus cangrejales". *Orbis Tertius* 2/3, La Plata, Año 1, n° 2, octubre de 1996.

Petit de Murat, Ulises: "Borges en la Revista Multicolor". En: *Borges Buenos Aires*, Municipalidad de la Ciudad de Buenos Aires, 1980.

Pezzoni, Enrique: "Aproximación al último libro de Borges", *Sur*, n° 217/218, 1952.

— "*Fervor de Buenos Aires*, autobiografía y retrato". En: *El texto y sus voces*. Buenos Aires, Sudamericana, 1986.

Piglia, Ricardo: "Ideología y Ficción en Borges", *Punto de Vista* 5, 1979.

— "Sobre Borges". En *Crítica y Ficción*. Rosario, Cuadernos de Extensión Universitaria, n° 8, 1986.

Piñero, Sergio: "*Inquisiciones*, por Jorge Luis Borges". *Martín Fierro*, mayo 17 de 1925, p. 122.

Prieto, Adolfo: *El periódico* Martín Fierro. Buenos Aires, Galerna, 1968.

— *Proa*, Revista literaria. Segunda época, 1926.

Rodríguez Alcalá, Hugo: *Güiraldes: apología y detracción*. Departamento Cultural, Embajada Argentina, Asunción, 1977.

Rodríguez Monegal, Emir: *El juicio de los parricidas*. Montevideo, Deucalion, 1956.

— *Borges por él mismo*. Barcelona, Monte Avila Editores, 1980, J.L.B. *A literary Biography*, 1978.

Romano, Eduardo: "Lectura intratextual". En: Edición Crítica de *Don Segundo Sombra*, dirigida por Paul Verdevoye, pp. 319-340, México, Archivos, 1988.

Rosa, Nicolás: *La lengua del ausente*. Biblos. Buenos Aires, 1997.

Rubione, Alfredo. "Continuidad y fractura de la estética del ocaso". *Espacios* 6, 1987, pp. 29-32.

Sáez, Fernando: *Delia del Carril*. Buenos Aires, Sudamericana, 1998.

Salas, Horacio: *Borges. Una biografía*. Buenos Aires, Planeta, 1994.

Sarlo, Beatriz: Prólogo a Antología del Periódico *Martín Fierro*. Buenos Aires, Carlos Pérez, 1969.

— *Una modernidad periférica: Buenos Aires 1920 y 1930*. Buenos Aires, Nueva Visión, 1988.

Schiavo, Leda: "Sobre Lugones". Manuscrito inédito, 1997.

— *Borges, un escritor en las orillas*. Buenos Aires, Ariel, 1995.

Schwartz, Jorge: *Vanguardia y cosmopolitismo en la década del 20*. Beatriz Viterbo, 1992.

Sebreli, Juan José: *El riesgo de pensar*. Buenos Aires, Sudamericana, 1984.

Teitelboim, Volodia: *Los dos Borges*. Buenos Aires, Sudamericana, 1996.

Vaccaro, Alejandro: *Georgie 1899-1930*. Buenos Aires, Editorial Proa, 1996.

Vallejo Antonio: "Carta abierta de J. M. de Rosas a J. L. Borges". *Revista de América*, julio de 1926.

Vázquez, María Esther: "Entrevista a Borges". *La Nación*, 29 de julio de 1979.

—*Jorge Luis Borges, Derrota y Esplendor*. Buenos Aires, Tusquets, 1996.

Villoldo, Juan Antonio: "*Proa* y el Fascismo". *Nosotros*, año 19, junio 1925, vol. 50, n° 123, pp. 284-285.

Viñas, David: *Literatura argentina y realidad política*. Buenos Aires, Jorge Alvarez, 1964.

Viñas, Ismael: "Güiraldes". *Contorno*, septiembre de 1955.

Indice

Esta edición
se terminó de imprimir en
RIPARI S.A.
General J.G. Lemos 246/48 Capital Federal,
en el mes de mayo de 1999.